首善全圖

한양의 탄생

한양의 탄생

의정부에서
도화서까지
관청으로 읽는
오백년 조선사

서울학연구소 엮음

글항아리

관청은 국가의 사무를 집행하는 기관이다. 이곳에서 국가 또는 지방 공공단체의 사무를 맡아보는 사람을 공무원公務員이라 한다. 1급에서 9급까지 등급이 구분되어 있는 이들은 국가가 주관하는 일정한 시험을 통해 선발된다. 그리고 그 시험의 난이도나 중요도에 따라 동사무소, 구청, 시청, 정부 청사 등에서 근무하며, '동' '구' '시' '정부'라는 명칭을 통해 관청 역시 등급이 나뉘어 있음을 알고 있다.

그렇다면 조선시대에는 오늘날의 공무원이라고 부를 만한 사람들이 모여 나랏일을 처리한 관청으로 어떤 것이 있었을까? 과거를 통해 선발되어 국가 일에 종사하는 사람들은 정1품에서 종9품까지 품계를 받았다. 이들은 지위에 따라 여러 관청에 소속되었는데, 이는 관청 역시 품계가 있었음을 뜻한다.

조선시대의 관청은 요즘에도 그렇듯이 서울뿐 아니라 지방에도 존재했다. 국가의 중요 관청이 수도에 집중되었다는 점은 오늘날과 다를 바 없었지만, 조선시대에는 국왕이 거처하는 궁궐 안에 여러 관청이 있었다는 점이 확연히 달랐다. 이들 관청은 궁궐을 소개하는 자료와 법전에 그 역할 및 종사자들의 지위가 명확히 규명되어 있다.

이 책에서는 '경관직京官職'이라고 하여 서울에 있는 관청을 집중적으로 조명해보고자 한다. 최근 「동이」(장악원), 「해를 품은 달」(소격서), 「바람의 화원」(도화서), 「성균관 스캔들」(성균관), 「불의 여신 정이」(사옹원), 「장옥정, 사랑에 살다」(상의원), 「상의원」 등 드라마나 영화에서 조선 관청의 공간들이 알려졌다. 이 책은 이들의 유래와 변천, 역할 그리고 그곳에서 일하는 사람들을 보여줌으로써 당대 사회의 각 분야를 소개하는 계기가 될 것이다.

한양에 있는 관서는 『경국대전』(1485)에 정1품에서 종6품까지 총 76개가 있다고 기록되어 있다. 원래 가진 품계를 그대로 유지한 관청도 있지만 조선 후기로 가면서 바뀌는 경우도 있었다. 이 책에서는 『경국대전』과 『대전회통』(1865)에 규정된 것을 중심으로 총 열한 개 장으로 나누어 관서들을 살펴볼 것이다. 품계가 높은 관청부터 순서대로 정리하면 아래 표와 같다.

관서명		업무	관서 품계	관장官長	비고
의정부		백관과 각종 정무 총괄	정1품	영의정·좌의정·우의정(정1품)	
비변사		국방·재정 인사권과 국정 총괄	정1품	도제조(정1품)	
육조	이조	문관 인사와 훈봉勳封·고과考課	정2품	판서(정2품)	
	호조	호구·공물·부역·재화			
	예조	예악·제사·연향·학교·과거			
	병조	무관 인사와 군무軍務·의위儀衛·병갑兵甲·무기			
	형조	법률·사건 심리·소송·노예			
	공조	산택山澤·공장工匠·영선營繕·도야陶冶			
규장각		왕실 물품과 각종 도서 소장, 국가 주요 정책 수립	종2품	제학(종2품에서 종1품까지)	

봉상시	국가 제사와 시호 의정	정3품	정(정3품)	
교서관	서적의 인쇄·반포	정3품 → 종2품	판교(정3품)	규장각 편입. 종2품 아문으로 승격 주자소. 교서관에 합속되었다가 정조대에 부활
내의원	국왕의 약 조제	정3품	정(정3품)	활인서·혜민서 종6품 아문
상의원	국왕 의복 및 궁중의 재화·금보金寶	정3품	정(정3품)	
장악원	왕실 음악 총괄	정3품	정(정3품)	
관상감	천문·지리·역수曆數·점주占籌·측후·각루刻漏	정3품	영사 (정1품 영의정)	
사역원	여러 나라 언어의 통역	정3품	정(정3품)	
도화서	궁중 의례와 일상을 그림으로 그림	종6품	별제(종6품)	

국왕과 함께 나라를 다스리는 관서로 대표적인 곳은 의정부와 비변사라고 볼 수 있다. 문무백관과 각종 정무를 총괄하던 최고의 행정 기관이 의정부였다. 임진과 병자라는 두 차례의 전란을 겪으면서 국방과 재정 분야에서 두드러지게 인사권을 행사했던 비변사는 의정부의 역할을 유명무실하게 할 정도로 그 권력이 강해졌던 관청이다.

의정부와 비변사 아래에 '이·호·예·병·형·공'으로 외웠던 육조가 있었다. 육조는 그 기능에 따라 정무를 분담하고 집행하던 중앙 관청이다. 왕권이 강화되면 자연스레 재상들의 권한이 축소되면서 의정부의 권한은 대폭 줄어든 반면, 육조에서 각 담당 사무에 대해 국왕에게 직접 보고함으로써 그들의 권한은 높아졌다. 왕권의 추이에 따라 의정부와 육조의 권한이 달라지는 것은 조선시대 정치사를 이해하는 데 있어 중요한 사항이다.

정조대에는 국왕의 개혁 정치를 뒤에서 조용히 뒷받침해주는 브

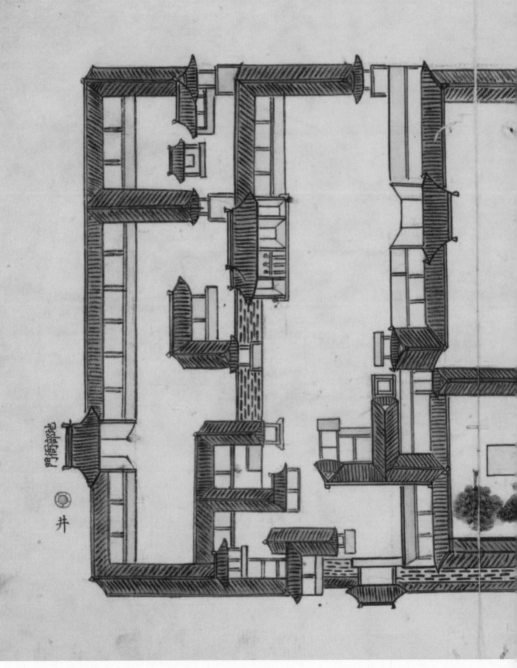

門衙部部地

井

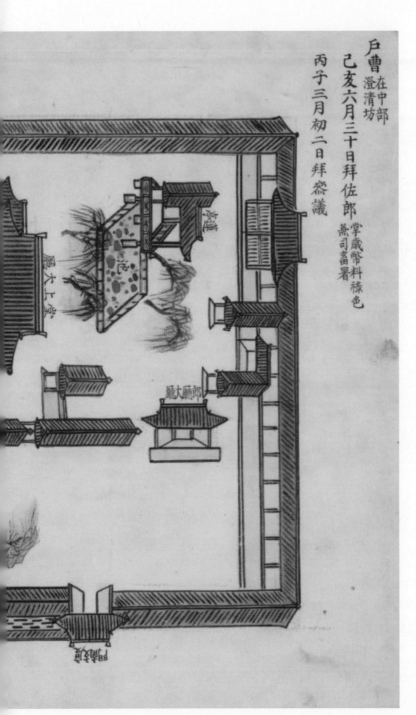

「호조」, 『숙천제아도』, 하버드대 엔칭도서관. 중부 징청방澄淸坊에 위치해 있었는데, 현재 세종로 86 (전기통신공사 부근)이다.

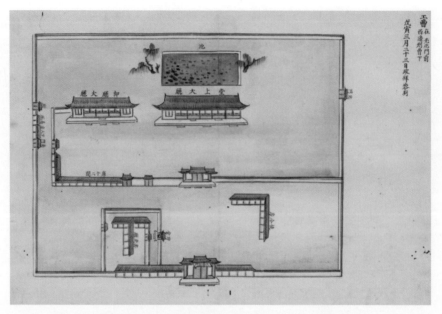

「공조」, 『숙천제아도』, 광화문 앞 서편 형조 아래에 위치해 있었는데, 현재 세종문화회관 자리다.

레인 담당 기관이 있다. 세종대의 집현전에 대응되는 규장각이 바로 그것이다. "국가를 다스리는 깊은 이치는 도서에 담겨 있으므로 도서를 수집하여 보관하는 일이 중요하다"라는 데에서 발을 내디며 소수 정예 관리를 소속시켜 국가의 주요 정책을 수립하는 정치 기구로까지 성장했다.

조선은 '예'에 의한 통치를 표방한 나라였다. 따라서 국가에서 시행한 많은 의례 가운데 수위首位에 자리한 의례가 바로 제사였다. 이러한 제사를 담당한 관청이 봉상시였다. 종묘, 사직과 같은 큰 제사에서부터 산, 대천, 말馬에 이르는 작은 제사에 이르기까지 이곳에서 제사 그릇과 음식, 옷, 악기 마련에 이르기까지 모든 것을

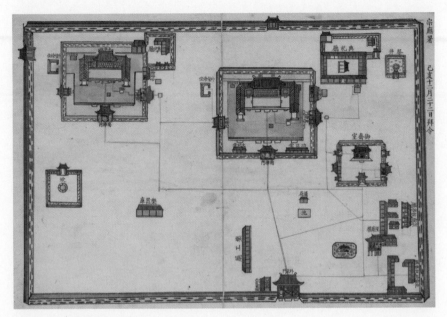

「종묘서」, 『숙천제아도』, 현재의 종묘 자리다.

담당했다.

　종이가 귀한 시대에는 책을 매우 소중히 여겼다. 조선에서 책을
만드는 기관은 국초에 활자 주조를 담당했던 주자소인데, 교서관
에 합속되면서 이 역할은 교서관으로 넘어갔다. 금속활자의 주조
와 서책의 출판은 조선조 국왕이 지식 권력을 장악하는 수단 중
하나였고, 두 기관은 이를 구체적으로 실현하는 역할을 했다.

　전통시대의 흑사병(페스트)이나 천연두(마마媽媽)는 많은 사람의
목숨을 위협하는 질병이었다. 이처럼 질병이 창궐하면 현재의 병
원과 같은 역할을 담당했던 국가 의료 기관이 조선시대에는 서울
에 네 곳 있었다. 내의원 및 혜민서, 전의감, 활인서. 이들 의료

기관은 아프다고 해서 갈 수 있는 것은 아니고 환자의 지위나 거주지에 따라 허용되는 범위가 달랐다. 그중 활인서는 치료 기관이기보다 환자의 격리 장소로 활용되었다.

드라마나 영화에서 국왕의 옷을 담당하는 관서로 상의원尙衣院이 세간의 이목을 끈 바 있다. 한자를 보면 알 수 있듯이 이곳이 옷과 관련된 기관이라는 것은 이해가 된다. 그런데 상의원은 왕실 구성원의 의생활을 담당하는 것 못지않게 다른 중요한 기능도 맡았다. 왕실의 '보물창고'라 불릴 정도로 궁중의 많은 재화나 금은보화를 보관하기도 했던 것이다. 옷과 보물은 어떤 관계를 지녔던 것일까?

유교문화에서 항상 예와 더불어 거론되는 것은 '악', 즉 음악이다. 우리 민족은 흔히 풍류를 즐긴다고 하는데, 음악은 어디서나 통하는, 소통의 역할을 하는 기제였다. 왕실에서의 음악을 총괄하는 곳이 예조에 속했던 장악원이다. 음악이 있으면 춤이 연상되듯 각종 의례에서 연행되는 악樂·가歌·무舞를 모두 이곳에서 관리했다.

신라시대에 별을 보기 위해 높이 쌓은 대가 '첨성대'임은 누구나 알고 있다. 조선시대에 이르러서는 천문은 물론이고 요즘의 풍수지리를 뜻하는 지리, 기상 관측測候, 점복曆數, 물시계 관리까지 포함하는 일을 관장하는 관서가 별도로 있었다. 바로 관상감이다. 현대 과학의 시선으로 보면 관상감은 천문학 활동만 한 것이 아니라 비과학적인 풍수지리와 점복활동도 했음을 알 수 있다.

요즘은 어릴 때부터 학원에서 영어를 기본으로 배우고 그 밖에 제2외국어로 일본어와 중국어를 익혀서 외국인과 직접 소통할 수 있는 사람이 많다. 하지만 조선시대에 외국어를 구사할 수 있는 사람은 드물었는데 국가 간의 통역과 번역은 사역원이라는 기관에서 맡았다. 한학, 왜학, 여진어, 몽고어 등을 가르쳤으며, 이는 중국과 일본, 그 밖의 나라들과의 외교가 주된 목적이었다. 조선시대에도 지금처럼 외교적 분쟁이 자주 발생해 골머리를 앓았으며 그때 사역원에서 배출한 역관들의 활약이 두드러졌다.

카메라가 없던 시절에 생생한 현장감을 드러내는 유일한 방법은 그림을 그리는 것이었다. 그런데 나라의 녹봉을 받는 자로서 궁중의 의례와 제향祭享, 결혼, 궁궐 영건 등을 그림으로 그리는 전문 직업 화가는 따로 있었다. 김홍도로 인해 널리 알려진 도화서(자비대령화원)에 소속된 화원들이다. 이들은 나라에서 월급을 받는 자로서 그림 그리는 행위 자체가 왕실의 권위를 높이며 국왕의 통치를 견고하게 하기 위한 방편으로 인식되었다.

서울시립대학교 서울학연구소에서는 2012년부터 서울시민대학 〈서울의 고전강좌〉를 통해 축적된 연구 성과를 시민들과 나누어왔다. 2014년 상반기에 연 시민강좌에서 '한양의 관청'을 다루었고, 이 책은 그때의 시민강좌를 좀더 많은 독자와 공유하고자 책으로 엮어낸 것임을 밝혀둔다.

2015년 7월
저자들을 대표하여
이익주 씀

차례

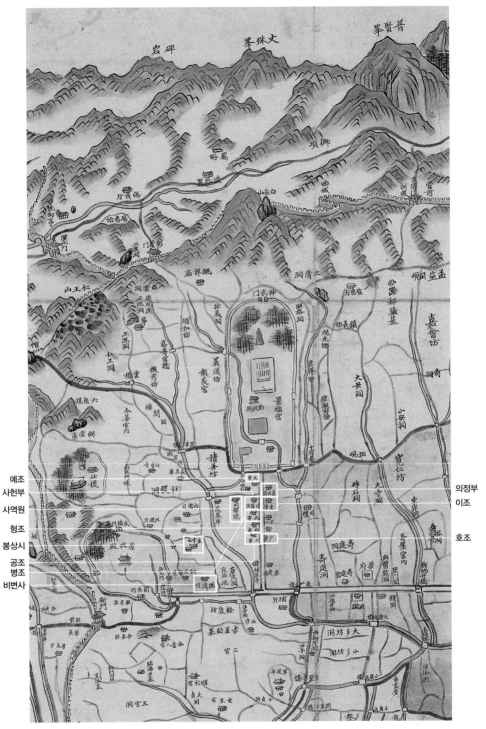

예조
사헌부
사역원
형조
봉상시
공조
병조
비변사

의정부
이조

호조

「도성도」에 그려진 한양의 관청들.

1장

의정부와 육조,
왕과 함께 통치한 최고의 권력 기관

이익주 서울시립대 국사학과 교수

지금 대한민국 국민 가운데 정부 조직에 대해 알고 있는 사람은 몇 명이나 될까? 중앙 부처가 몇 개인지, 부처 명칭은 어떻게 되는지, 또 교육부인지 교육과학기술부인지, 행정안전부인지 행정자치부인지, 문화부인지 문화체육부인지 문화체육관광부인지를 말이다. 나아가 이것을 조사하려면 어떻게 해야 하는지 등등 궁금증은 꼬리를 문다.

2015년 5월 현재 대한민국의 중앙 부처는 17부部 5처處 16청廳으로 구성되어 있으며, 위 문제의 정답은 각각 교육부, 행정자치부, 문화체육관광부다. 이것을 외우려고 하면 안 된다. 왜냐하면 언제 또 바뀔지 모르니까. 지금의 조직도 불과 얼마 전인 2014년 11월 19일에 17부 3처 18청에서 개편된 것이다. 그때그때 바뀌는 정부 조직을 조사하려면 어떻게 해야 하는가? 청와대에 당당하게 들어가서 물어보면 된다. 가는 길은 '청와대 홈페이지 → 청와대 안내 → 청와대/정부 조직도 → 정부 조직도' 이렇게 된다. 물론 전문적인 정보가 필요하다면 정부조직법을 찾아본다.

옛날에는 어땠을까? 옛날에도 국가의 모든 일을 여러 관청으로 분담하는 조직, 즉 정치제도를 갖추고 있었다. 하지만 지금처럼 조

『경국대전』. 조선시대. 서울역사박물관. 『경국대전』에 육조는 국왕에게 직접 정무를 보고하고 이에 대해 지시를 받으면서 국정을 나누어 맡도록 규정되어 있다.

직과 이름이 수시로 바뀌진 않았다. 조선에서는 의정부議政府—육조六曹 체제가 500년 동안 그대로 이어졌고, 이름도 이조吏曹·호조戶曹·예조禮曹·병조兵曹·형조刑曹·공조工曹로 변함이 없었다. 조금 생소하겠지만, 고려에서는 중서문하성中書門下省, 중추원中樞院과 이부吏部·병부兵部·호부戶部·형부刑部·예부禮部·공부工部의 육부六部가 고려 전기부터 수백 년 동안 존속했다. 그 사이에 생긴 변화라면 중추원이 추밀원樞密院으로 이름이 바뀐 정도다.

고려와 조선의 정치제도를 유심히 관찰해보면 6개 행정 부처를 둔 것은 같은데 그 순서가 다르고, 조선에서는 '조曹'로 되어 있는 반면 고려는 '부部'다. 이러한 차이는 물론 그냥 나타난 게 아니라 중요한 의미를 함축하고 있다. 그보다 먼저, 국가의 행정 사무를 6개 조직으로 분담시키는 제도 또한 역사적으로 중요한 의미를 지닌다. 이를 육전六典 조직이라 하는데, 우리나라뿐만 아니라 중국에서도 오랜 역사와 전통을 잇는 제도였기 때문이다. 우리나라는 언제부터 육전 조직을 갖추었을까? 그리고 그것이 어떤 과정을 거쳐 조선의 의정부—육조 체제로 정착했을까? 이 글에서는 의정부와 육조의 역사를 살피고자 한다.

고려의 3성 6부, 황제의 정치제도

육전 조직은 중국에서 발전한 정치제도다. 중국은 춘추전국시대부터 이미 중앙의 정치제도를 정비하기 시작했고, 당나라 때 중서성中書省·문하성門下省·상서성尙書省 등 3성省과 6부部 체제가 완성되었다. 그 가운데 6부는 주나라 때 주공周公이 지었다고 알려진 『주례周禮』에서 비롯된 것으로, 그 뿌리가 매우 깊다. 『주례』에서는 중앙의 정치제도를 천관天官·지관地官·춘관春官·하관夏官·추관秋官·동관冬官 등 여섯으로 나누고 각각에 속한 관직과 직무를 기록해놓았다.

그렇다면 육전 조직은 국가의 행정 사무를 어떻게 나누었을까? 당나라의 6부를 기준으로 살펴보면, 이부는 문신 관리들에 대한 인사, 호부는 재정, 예부는 제사·의례와 외교 및 교육, 병부는 국방 및 무신에 대한 인사, 형부는 사법, 공부는 토목사업이 주된 업무였다. 이렇게 행정을 분담해서 실행하는 6부는 3성 가운데 하나인 상서성을 통해 천자와 연결되었다(그래서 6부를 상서6부尙書六部라고도 한다). 3성은 본래 천자의 비서에서 출발해서 점차 재상의 기구로 발전한 것으로, 중서성은 정책을 입안하고, 문하성은 정책

『주례』, 28.9×19.2cm, 17세기, 서울역사박물관.

을 심의하며, 상서성은 6부를 통해 정책을 집행하는 역할을 했다. 이렇게 해서 3성·6부가 행정의 중추를 이루었고, 그 밖에 실무를 담당하는 9개의 시寺와 5개의 감監이 설치되어 자못 체계적이고 촘촘한 행정 기구를 갖추었다.

　당나라의 3성·6부 체제는 이후 중국의 선진 문화로 인식되어 주변 국가들로 전파되었다. 우리나라에서 이 제도를 처음 채택한 곳은 발해였다. 발해는 정당성政堂省·선조성宣詔省·중대성中臺省 등 3성과 충부忠部·인부仁部·의부義部·예부禮部·지부智部·신부信部 등 6부를 두고 있었다. 3성과 6부의 이름이 특이한데, 당나라의 문화를 수용하면서도 당과 책봉─조공 관계를 맺고 있는 현실을 감안해 이름을 달리했던 것으로 추측된다. 반면 발해와 같은 시기의 통일신라에서도 당나라 제도를 부분적으로 수용했지만 3성·6부 제도는 받아들이지 않았다.

　고려는 건국 후 국가 제도를 어떻게 세울 것인가에 대해 많은 고민을 했다. 고려는 궁예의 태봉을 계승하는 것으로 출발해 후백제와 신라를 통합한 국가였지만, 태봉이나 신라의 정치제도를 답습하지 않고 중국의 제도를 모범으로 삼았다. 고려가 세워졌을 때 당나라는 이미 멸망했지만, 그 제도만큼은 오대五代(후량後梁, 후당後

唐, 후진後晉, 후한後漢, 후주後周) 왕조를 거쳐 송나라로 계승되었기에 고려는 송나라를 통해 당나라의 제도를 받아들이게 되었다.

고려 초에 중국의 제도가 본격적으로 도입된 것은 성종(재위 981~997) 때의 일이다. 성종은 유학자 최승로의 시무책을 받아들여 유교정치 이념을 정착시킨 왕으로 유명하지만, 누구보다도 중국 문화를 수용하는 데 적극적이었다. 정치제도도 성종 때 대폭 정비되었는데, 그 방향은 당나라 제도를 모방하는 것으로 가닥을 잡았다. 우선 최고 관청으로 내사문하성內史門下省과 어사도성御事都省을 설치하고 어사도성 아래에 선관選官·병관兵官·민관民官·형관刑官·예관禮官·공관工官 등 6관을 설치했다. 3성·6부제를 도입하면서도, 전에 발해가 그랬듯이 관청의 이름을 다르게 해 중국 왕조와 차별을 둔 것이었다.

하지만 명칭의 차이는 점차 사라졌다. 성종 때 이미 어사도성과 6관을 상서성과 이부·병부·호부·형부·예부·공부 등 6부로 고쳤고, 문종(재위 1046~1083) 때에 이르면 내사문하성도 중서문하성으로 고쳐 당나라 제도와 명칭이 같아졌다. 그렇지만 고려에서는 중서성과 문하성이 하나로 합쳐져 중서문하성이 되었고, 6부의 순서도 당나라의 이·호·예·병·형·공부 순이 아니라 이·병·호·형·예·공부 순이었다. 이렇듯 작지만 중요한 차이는 왜 생겨났을까? 그것은 물론 당나라와는 다른 고려의 현실을 반영한 것이었다.

우선 6부의 순서, 즉 서열의 차이는 당나라 제도에 대한 고려 나름의 해석에서 비롯되었다. 6부는 그 안에 좌우의 구분이 있어서 이·호·예부는 좌항左行, 병·형·공부는 우항右行이었다. 이것을 당나라에서는 좌항 3부, 우항 3부 순으로 서열을 정했고, 고려에서는 좌·우항의 제1, 제2, 제3관청을 번갈아가며 서열을 정했던 것이다. 중서성과 문하성을 합쳐 중서문하성으로 만든 이유는, 정책을 입안하는 중서성의 기능과 심의하는 문하성의 기능을 굳이 구분하지 않아도 될 만큼 국가의 규모가 작았기 때문일 것이다. 그와 더불어 뒤에서 다시 설명할, 귀족이라 불리는 지배층의 합의 전통이 정치제도에 반영된 결과이기도 했다.

사실상 고려가 당나라 제도를 그대로 받아들이기는 현실적으로 불가능했다. 국가 규모가 크게 달랐고, 그런 까닭에 관청의 규모나 관리 수에서 큰 차이가 났으며, 두 나라의 사회 발전 단계에서 비롯되는 국왕(황제)과 신하들의 관계도 다를 수밖에 없었다. 게다가 당나라는 이미 멸망한 뒤였으므로 고려는 송나라를 통해 당의 제도를 받아들였는데, 송나라에서 일부 변경된 내용이 있었다. 추밀원과 삼사三司가 바로 그것이다.

송나라는 당나라에 비해 황제권을 강화하고자 했고, 그런 의도가 정치제도에 반영되었다. 추밀원은 군사와 관련된 중요 업무를 담당하는 관청이고, 삼사는 국가 재정을 맡는 관청이었다. 이 두 관청은 송나라에서 특별히 중시되었는데, 당시 송나라를 왕래하던 고려 사신들의 눈에 띄어 고려에도 설치되었다. 이렇게 해서 고려에는 당나라 제도의 3성·6부와 송나라의 추밀원·삼사를 중심으로 하는 정치제도가 만들어졌다. 그 가운데 핵심이 된 것은 중서문하성과 추밀원으로, 이를 양부兩府라 불렀다.

하지만 외래의 제도가 고려의 전통을 모두 포괄하지 못하는 문제가 남아 있었다. 바로 고위 관원들이 모두 모여 중대사를 협의하는 합좌合坐의 전통이었다. 마치 신라 화백和白을 연상케 하는 이

전통은 고려 전기에도 중서문하성과 추밀원의 고위 관원들(이들을 재추宰樞 또는 재상宰相이라 한다)이 한자리에 모여 국가 중대사를 의논하는 제도로 남아 있었다. 외적의 침략 등 국방상의 문제가 생겼을 때 재추들이 모여 회의하는 도병마사都兵馬使, 국가의 각종 제도와 법을 심의할 때 회의하는 식목도감式目都監이 그것이다. 이 두 기구는 당나라나 송나라에는 없던, 고려의 독자적인 요소였다.

정리하자면, 고려 전기의 정치제도는 당과 송의 제도를 수용하면서도 독자적인 요소가 살아 있었다고 할 수 있다. 전통을 바탕으로 외래문화를 받아들이는, 문화 수용의 교과서적인 태도가 엿보인다. 더욱이 제도의 운영까지 들여다보면, 고려의 현실이 더욱 강하게 반영되었음을 알 수 있다. 3성·6부와 중추원·삼사가 설치되기는 했지만, 그 운영은 당나라나 송나라와는 전혀 다르게, 전적으로 고려의 현실에 맞춰졌던 것이다.

중서성과 문하성을 합쳐 중서문하성으로 만든 것부터가 그렇지만, 상서성도 중국의 제도와 다르게 운영되었다. 당나라와 송나라에서는 상서성이 6부를 지휘했으나, 고려에서는 중서문하성이 그 역할을 대신했다. 상서성은 명목상으로만 설치되었을 뿐이고 상서성의 고위 관직은 명예직으로 이용되는 등 실질적인 역할이 없었다. 3성·6부 제도를 받아들였지만 실은 1성·6부 제도였던 셈이다. 그에 따라 고려에서는 중서문하성이 정책을 입안, 심의할 뿐만 아니라 6부를 통해 집행하는 등 국가의 최고 관청으로 군림하게 되었다.

중서문하성에는 고려의 최고 관직, 즉 수상인 문하시중門下侍中을 비롯해 평장사平章事·참지정사參知政事·정당문학政堂文學·지문하성사知門下省事 등 5개의 고위직이 있었다. 이들을 재신宰臣이라 했다. 그 밖에 중서문하성에는 중하위 관직도 있었는데, 이들은 낭사郎舍라 불리며 국왕에게 정치의 잘잘못을 간언하는 언관 역할을 했다. 뒷날 조선에서 사간원으로 독립하는 언관이 고려에서는 중서문하성의 낭사로 합쳐져 있었던 것이다.

한편 상서성의 빈자리는 송나라 제도를 수용해서 만든 추밀원이 대신했다. 송의 추밀원은 중요한 군사 문제를 다루는 관청이었지만, 고려에서는 그렇지 않았다. 고려 추밀원에는 판추밀원사判樞密

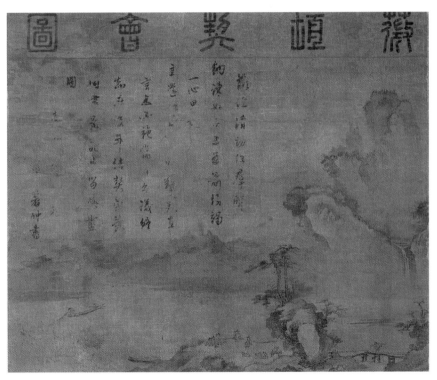

「미원계회도」, 비단에 엷은색, 93.0×61.0cm, 1540, 개인. 조선시대 사간원 관원들이 모임을 갖는 모습으로, 고려시대에는 중서문하성의 낭사에 해당되었다.

院事·추밀원사樞密院使·지추밀원사知樞密院事·동지추밀원사同知樞密院事·첨서추밀원사簽書樞密院事·추밀원부사樞密院副使·직학사直學士 등 7개의 고위 관직이 있었는데, 이들을 추밀樞密이라 불렀다. 추밀은 중서문하성의 재신과 더불어 재추 또는 재상이라 불리며 국가의 중대사를 의논하는 도병마사와 식목도감의 구성원이 되었다. 또 추밀 아래에는 5명의 승선承宣이 언제나 국왕 측근에 있으면서 왕명을 전달하는 역할을 했다. 이 승선이 조선시대 승정원 승지承旨의 전신이다.

중서문하성의 재신들은 6부의 관직을 겸임함으로써 6부의 업무에 관여할 수 있었다. 6부의 최고 관직인 판사判事를 중서문하성의 재신들이 서열에 따라 겸했던 것이다. 즉, 문하시중이 이부의 판사

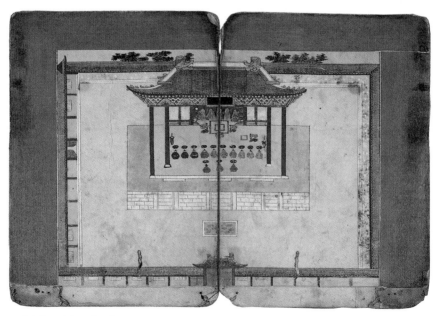

조선시대 승정원 승지들의 모습으로, 고려에서는 추밀 아래 다섯 명의 승선이 이를 담당했다.

判吏部事를 겸하고, 평장사가 병부, 참지정사가 호부, 정당문학이 형부, 지문하성사가 예부의 판사를 겸하는 것이 원칙이었다(중요성이 떨어지는 공부의 판사는 예외였다). 이러한 겸직제를 통해 중서문하성과 6부의 상하관계가 조성되었다. 그렇다고 6부가 중서문하성에 완전히 예속된 것은 아니었다. 국왕의 의사가 6부에 직접 전달되는 통로도 확보되어 있었는데, 6부의 지사知事를 국왕 측근의 승선이 겸하도록 했던 것이다.

이렇게 되니, 예를 들어 이부에서 회의를 하면 판이부사를 겸한 문하시중과 이부의 책임자인 상서尙書, 그리고 지이부사를 겸하면서 국왕의 의중을 전달하는 승선이 한자리에 모이게 되었다. 그에 따라 행정 실무를 담당하는 6부를 통해 왕권과 재상의 권한이 조화를 이루면서 어느 한쪽으로 치우치지 않는 구조가 이뤄졌다고 할 수 있다. 또한 재상의 관부를 중서문하성과 추밀원으로 분리하고, 중서문하성은 재신과 낭사로, 추밀원은 추밀과 승선으로 각각 분리해놓은 것도 정치권력이 어느 한곳으로 집중되는 일을 예방하기 위함이었다.

고려는 중국의 3성·6부 제도를 받아들였지만 자신들의 현실에 맞게 운영했고, 왕권과 신권의 조화 및 권력의 분산을 통해 정치적 안정을 추구했다. 고려 초기에 완성된 고려의 정치제도는 300여 년 동안 큰 변화 없이 유지되었다. 그러다가 후기에 접어들어 거의 모든 관청의 이름이 한꺼번에 바뀌는 일이 벌어졌다. 원나라의 강압 때문이었다. 1274년(충렬왕 즉위) 원나라는 고려 관청의 이름이 원나라의 것과 같다는 점을 문제 삼아 모두 고치도록 요구했다. 그에 따라 중서문하성과 상서성을 합쳐 첨의부僉議府를 만들고, 추밀원은 밀직사密直司, 이부는 전리사典理司, 병부는 군부사軍簿司, 호부는 판도사版圖司, 형부는 전법사典法司로 바꾸었으며, 예부와 공부를 없애는 등 대대적인 개편을 하게 되었다. 고려 전기 이래의 중서문하성·6부 제도가 첨의부·4사司로 축소된 것이다.

이때 원나라에서 문제 삼은, 고려의 관청 이름이 원과 같은 것은 두 나라가 모두 3성·6부 제도를 받아들였기 때문에 일어난 일이었다(원나라에는 중서성과 추밀원, 이예부·호부·병형부·공부 등 4부가 있었다). 원나라에서는 책봉—조공 관계에 있는 고려가 원나라와 같은 이름을 쓰는 것은 격식에 어긋난다는 논리를 폈다. 하지만 관청의 이름이 동일한 점은 이전에 고려가 사대관계를 맺었던 송나라나 거란, 금나라도 마찬가지였다. 그때는 문제되지 않다가 새삼스레 갈등을 일으키는 사안으로 떠오른 것인데, 이는 13세기 이후 동아시아 국제질서의 변화와 관련 있다.

고려 전기에는 중국이 남북으로 분열되어 있었다. 한족의 송나라가 있었지만 북쪽에 거란과 여진(금)이 차례로 강력한 국가를 건설해 송나라를 압박했다. 고려는 현실을 중시하는 외교 정책을 구사하여 거란·금과 차례로 책봉—조공 관계를 맺고 국제적으로는 제후국諸侯國의 위상을 지녔지만, 그러면서도 국내에서는 황제국皇帝國의 격식을 갖추었다. 국왕을 천자 또는 황제라 하고, 국왕을 부를 때 폐하陛下라고 했으며, 태후太后·태자太子와 같은 용어를 사용했다. 3성·6부 제도를 갖춘 것도 황제국 체제에 따른 것이었다. 이처럼 대외적으로는 책봉을 받고 제후국임을 인정하면서 내부적으로는 황제국임을 표방하는 것을 '외왕내제外王內帝'라고 하는데, 이는 고려만의 생각이 아니라 거란과 금나라에서도 인정하던 바였다. 중국의 분열 상황이 고려가 황제국을 표방하는 것을 인정하도록 만들었던 것이다.

하지만 이제 원나라는 중국을 통일했을 뿐만 아니라 유라시아 대륙에 걸친 대제국을 건설했다. 그리고 중국 지역에 대해서는 "한법漢法으로 한지漢地를 다스린다"는 원칙에 따라 중국의 제도를 일부 수용했고, 그 일환으로 고려와 책봉—조공 관계를 유지했다. 그러나 원은 고려의 황제국 체제를 인정하지 않았고, 그에 따라 고려의 3성·6부 제도를 고치도록 강요했던 것이니, 이때 고려의 정치제도 개편은 제후국의 체제로 격하된 것이었다. 첨의부는 얼마 뒤 도첨의사사都僉議使司로 바뀌었고, 도병마사마저 도평의사사都評議使司로 바뀜으로써 밀직사와 4사를 포함해 고려의 주요 관청들이 모두 '사司'가 되었는데, 이 '사'는 본래 '부部'에 딸린 중간급 관청이었다.

원나라에 의해 격하된 고려의 정치제도는 1356년(공민왕 5) 반원 정책의 성공과 동시에 3성·6부 제도로 복구되었다. 하지만 그로부터 1392년 고려가 멸망할 때까지 약 40년 동안 무려 네 차례의 개편이 있었다. 모두 원나라 및 명나라와의 관계를 의식해 황제국 제도와 제후국 제도를 넘나든 것이었다. 그리고 고려가 망하기 직전에는 중서문하성(첨의부·도첨의사사)이 문하부門下府, 6부(4사)는 이조·병조·호조·형조·예조·공조 등 6조六曹가 되어 있었고, 이것이 조선으로 이어졌다. 고려 말에 명나라와 책봉—조공 관계를 맺으면서 고려 스스로 사대의 명분에 얽매였고, 그 때문에 고려 전기의 황제국 체제를 회복하지 못했던 것이다. 이로써 3성·6부는 우리 역사에서 영원히 사라지게 되었다.

의정부와 육조, 왕과 함께 나라를 다스리다

조선 왕조는 건국 직후인 1392년 7월 28일 태조의 즉위 교서를 반포함과 동시에 관제, 즉 정치제도를 정해 발표했다. 그에 따르면 도평의사사가 그대로 유지된 것을 비롯해 문하부와 이조·병조·호조·형조·예조·공조 등 주요 관서들이 고려 말과 같이 존치되었다. 하지만 이는 건국 이후에도 당분간 고려라는 국호를 그대로 쓴 것과 마찬가지로 임시적인 조치였고, 내부적으로는 새로운 제도를 갖추기 위한 노력을 기울였다. 2년 뒤인 1394년(태조 3) 정도전이 『조선경국전』을 지은 것이 그 결실이다. 정도전은 『주례』를 비롯해 중국 및 우리나라의 역대 제도들을 널리 검토한 뒤 새로운 정치제도를 만드는 방향을 제시했다.

널리 알려진 대로, 정도전이 구상했던 이상적인 정치는 재상이 중심이 되는 '위민爲民' 정치였다. 따라서 새로운 왕조의 정치제도를 구상함에 있어 재상의 관청에 초점을 맞췄는데, 정작 의정부議政府가 생긴 것은 정도전이 죽임을 당하고 이방원이 실권을 장악한 다음인 1400년(정종 2)의 일이었다. 그리고 조선의 의정부는 고려 말의 문하부를 계승한 것이 아니라 도평의사사를 개편한 것으로 발표되었다. 고려 전기 재추들의 회의 기구이던 도병마사가 고려 후기 들어 도평의사사로 개편되면서 상설 기구로 자리 잡고 기능이 강화되었는데, 그것이 조선 초에 의정부로 개편되었던 것이다.

이러한 개편 전에 도평의사사에는 문하부, 삼사, 중추원의 2품 이상 고위 관리들이 참여했다. 그 가운데 핵심을 이룬 인물들은 역시 문하부의 재상들이었으므로 문하부가 의정부로 개편되었다

『춘관지(春官志)』, 이맹휴, 1774, 규장각한국학연구원. 예조가 담당하는 업무를 정리한 책이다.

고 할 수도 있지만, 그보다는 더 광범위한 재상의 관청으로 출범한
셈이었다. 의정부의 출범과 동시에 중추원은 삼군부三軍府로 개편
되어 군정軍政을 담당하게 되었으며, 이듬해인 1401년(태종 1)에는
문하부와 삼사가 폐지됨으로써 고려 제도의 흔적이 모두 사라지고
의정부를 중심으로 하는 조선의 정치제도가 출현했다.

그러면 의정부의 관직은 어떻게 구성되었을까? 처음에 도평의사
사가 의정부로 개편되었을 때는 그 구성원이 거의 그대로 계승되
어 문하부와 삼사의 고위 관리가 의정부 관직을 겸했다. 그러다가
곧 문하부가 폐지되면서 독자적인 의정부 직제가 정비되어 영의정
부사領議政府事, 좌정승左政丞과 우정승, 찬성사贊成事, 참찬의정부
사, 의정부문학, 참지의정부사 등의 관직이 설치되었다. 그리고 이

로부터 여러 차례 개편을 거듭한 끝에 『경국대전』에는 영의정領議政 1명, 좌·우의정 각 1명, 좌·우찬성贊成 각 1명, 좌·우참찬參贊 각 1명으로 명칭과 정원이 규정되었다. 이 가운데 영의정과 좌·우의정을 '정승'이라 불렀는데, 이는 좌·우의정의 전신이 좌·우정승이었던 데서 유래한 것이다.

한편 행정 실무를 분담하는 6조는 고려 말의 것이 그대로 유지되었다. 하지만 그 정치적 위상은 조금씩 높아져갔다. 무엇보다도 재상이 겸하던 판사判事가 폐지되면서 6조의 독자성이 강화되고 국왕에게 직계할 수 있게 되었다. 태종 때 의정부를 중심으로 하는 정치제도가 성립된 뒤로는 6조 판서들의 직위가 정3품에서 정2품으로 높아졌다. 그와 더불어 의정부 등 몇몇 관청을 제외하고 나머지 90여 개 관청을 모두 기능에 따라 6조에 속하게 하는 속아문屬衙門 제도가 시행되었다. 이제 6조는 고유의 업무를 전담하는 것 외에도 속아문들을 관리하면서 국왕에게 직접 보고하는 위치에 설 수 있게 되었다. 그리고 세종 때부터는 6조의 서열이 이·호·예·병·형·공조의 순서로 바뀌었다.

6조의 위상이 점점 강화되면서 관원도 늘어나고 지위도 상승했다. 고려시대 6부에는 재신이 겸하는 판사와 승선이 겸하는 지사, 그리고 실질적인 책임자인 상서尙書 아래에 시랑侍郎·낭중郎中·원외랑員外郎 등의 관직이 설치되어 있었는데, 고려 말에 겸직인 판사와 지사가 이미 폐지되었고, 조선 초에는 각각 전서典書(정3품)·의랑議郎(정4품)·정랑正郎(정5품)·좌랑佐郎(정6품)으로 이름이 바뀌었다. 이것이 여러 차례 개편을 거치면서 『경국대전』에는 판서(정2품)·참판參判(종2품)·참의參議(정3품)·정랑(정5품)·좌랑(정6품)으

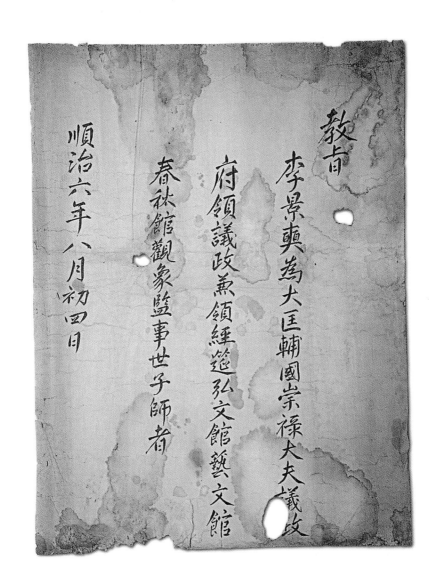

教旨

李景奭爲大匡輔國崇祿大夫議政
府領議政兼領經筵弘文館藝文館
春秋館觀象監事世子師者

順治六年八月初四日

이경석 영의정 교지, 종이, 125.0×94.4cm, 1649, 경기도박물관.
영의정은 의정부의 으뜸가는 벼슬이었다.

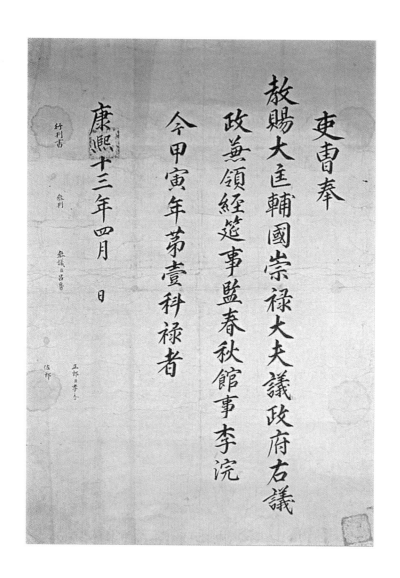

吏曹奉

教賜大匡輔國崇祿大夫議政府右議
政兼領經筵事監春秋館事李浣
今甲寅年苐壹科祿者

康熙十三年四月　日

녹패, 종이, 127.0×87.6cm, 1674, 경기도박물관.
이조에서 우의정 이완에게 지급한 봉급표다. 조선시대에는 이조와 병조에서 왕명에 따라
종친과 문무관원에게 녹과를 정해 내려주는 증서인 녹패를 발급했다.
우의정은 의정부에 속한 정1품 벼슬이었다.

로 규정되었다.

이렇게 하여 의정부를 정점으로 하고 그 아래에서 6조가 행정 실무를 분담하는 정치제도가 완성되었지만, 실제 운영의 양상은 시기에 따라 달랐다. 무엇보다도 의정부와 6조의 관계가 문제였는데, 이는 의정부의 역할이 분명하게 정해지지 않은 데 따른 필연적인 결과였다.

『경국대전』에서 의정부의 기능은 "백관을 총괄하고總百官, 서정을 평리하고平庶政, 음양을 다스리고理陰陽, 나라를 경륜한다經邦國"고 규정되어 있다. 이것은 고려의 중서문하성이 "백관과 서정을 관장한다掌百揆庶務"고 되어 있던 것에 『주례』에 나오는 3공三公(태사·태부·태보)의 역할인 "나라를 경륜하는 길을 논의하고論道經邦, 음양을 고르게 다스린다燮理陰陽"는 내용을 더한 것이었다. 하지만 이렇게 추상적이고 포괄적인 규정으로는 의정부의 역할이 명확해질 수 없었고 그리하여 시기에 따라 달라지게 되었다. 그것은 또 6조의 역할에도 영향을 끼쳐 의정부서사제와 육조직계제가 번갈아가며 나타나는 원인이 되었다.

조선 건국 초기에는 개국공신이 중심이 된 재상들의 역할이 중시되었다. 이들은 도평의사사에 모여 국정을 논의했는데, 당시 도평의사사의 구성원은 40명이 넘을 정도였다. 6조의 업무는 당연히 도평의사사에 보고하도록 되어 있었다. 하지만 재상 중심의 정치를 강력하게 주장했던 정도전이 태종에 의해 제거되고, 왕권이 점차 강화되면서 재상들의 권한은 축소되었다. 태종이 도평의사사를 의정부로 개편한 데에는 재상의 수를 줄임으로써 왕권을 더 단단히 하려는 정치적 목적이 함께 들어 있었다. 그와 동시에 육조직계

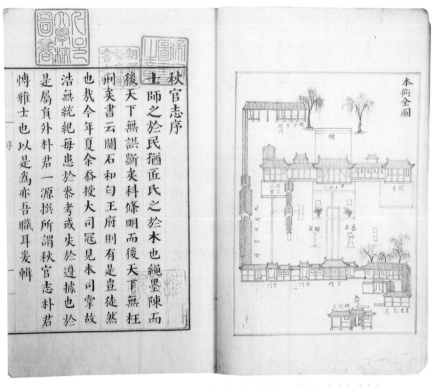

『추관지秋官志』, 박일원, 1781, 규장각한국학연구원. 형조가 담당하는 업무를 정리한 책이다.

제가 시행되었다.

육조직계제란 각 조가 담당 사무를 국왕에게 직접 보고하고 왕명을 받아 시행하는 것이다. 1414년(태종 14)부터 이 제도가 시행되었는데, 그 이전에 6조의 업무를 의정부에 보고하던 것에 비하면 6조의 권한이 강화되었으리라는 점은 쉽게 짐작할 수 있다. 반면 국왕 입장에서 본다면 6조를 통해 행정 실무를 직접 보고받고 지시할 수 있다는 점에서 국정을 장악할 수 있는 효과적인 수단이 되었다. 태종은 즉위한 뒤 줄곧 왕권 강화를 위해 노력했고, 14년 만

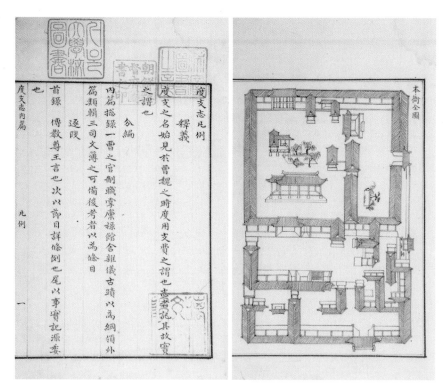

『탁지지度支志』, 박일원, 1788, 규장각한국학연구원. 탁지는 호조의 별칭으로, 호조가 담당하는 업무를 정리한 책이다.

에 이 제도를 만드는 데 성공했다. 그에 따라 의정부의 권한은 대폭 축소되어 명나라에 보내는 사대문서를 다듬고 중범죄에 대해 살피는 것쯤의 일만 남았다고 할 정도였다.

하지만 육조직계제의 성립을 국왕과 재상의 권력 싸움으로만 보지 않는다면, 그 이면의 새로운 문제를 발견하게 된다. 즉 6조가 제각기 국왕에게 보고하고, 국왕의 지시를 받아 업무를 추진하다보니 국왕에게 지나치게 많은 일이 몰렸던 것이다. 또한 행정의 권한을 6조에 나눠줌으로써 정책의 통일성이 훼손되는 일도 생겼고,

6조가 제때 국왕에게 보고하지 못해 행정이 지체되는 문제점도 발생했다. 1436년(세종 18)에 세종이 육조직계제를 없애고 의정부서사제를 부활시킨 것은 이러한 현실적인 이유에서 비롯되었다.

의정부서사제란, 행정 실무를 담당하는 6조가 소관 업무를 먼저 보고하면 의정부에서 적절한지를 먼저 판단한 다음 국왕에게 아뢰고, 왕명 또한 의정부를 거쳐 6조로 내려보내 시행하도록 한 제도다. 사실 따지고 보면 의정부 대신들 역시 국왕의 신하였고, 이들을 국정에서 배제할 까닭은 전혀 없었다. 그러한 이유에서 육조직계제가 시행되던 세종 초에는 영의정과 좌·우의정이 각각 호조와 이조·병조의 판사를 겸해 6조의 주요 업무에 간여할 수 있도록 하기도 했다. 그러고는 결국 의정부서사제를 부활시켰는데, 이는 정치적으로 안정되어 있던 세종대의 분위기 속에서 가능한 일이었다.

세종 사후 문종·단종을 거치면서 왕권이 약화되어 의정부를 중심으로 한 재상들의 권한이 비대해지는 문제가 다시 발생했다. 세조는 즉위한 뒤 곧바로 의정부서사제를 폐지하고 육조직계제를 다시 시행했다. 세조의 정치 운영에서 의정부 대신들이 배제된 것은 물론 아니었다. 세조는 의정부 대신을 역임한 원로대신들을 원상院相이라는 이름으로 국정에 참여시키는가 하면, 의정부 대신들로 하여금 6조의 판사를 겸하게 함으로써 의정부마저 왕권 강화의 수단으로 활용했다. 하지만 이것은 대신들이 의정부가 아닌 다른 통로를 통해 권한을 행사하는 것이라는 점에서 의정부의 기능 강화라고 보기는 어렵다.

세조 때 부활한 육조직계제는 세조 사후 제 기능을 하지 못했다. 육조직계제는 국왕이 국정을 직접 챙기는, 즉 '만기친람萬機親覽'하는 상황에서 기능을 발휘할 수 있었으나 세조를 뒤이은 예종 이후로는 국왕이 그런 역할을 하지 못했던 것이다. 그런 가운데 의정부서사제가 부활한 것도 아니어서 6조 사이의 업무를 조정할 수 있는 장치가 실종된 셈이었다. 게다가 16세기부터는 왜구나 야인野人(여진)의 소동에 효율적으로 대처해야 할 일이 생겼고, 그 때문에 비변사備邊司가 출현함으로써 의정부와 6조의 관계에 대한 논의는 새로운 국면으로 접어들었다.

비변사는 본래 외적의 침략에 대비해 의정부 3정승을 비롯한 관련자들이 모여서 회의하던 데서 출발한 것으로, 이때는 회의에 참석하는 이들을 지변사재상知邊事宰相이라 부를 뿐 정해진 이름은 없었다. 그러다가 1510년(중종 5) 삼포왜란三浦倭亂을 계기로 비변사라는 이름이 등장해 일이 있을 때마다 소집되는 임시 기구로 운영되었는데, 여기까지는 마치 고려시대의 도병마사와 흡사했다. 이후 1555년(명종 10) 을묘왜변을 처리하는 과정에서 비변사가 중요한 역할을 하면서 정식 관청으로 승격되었으며, 특히 임진왜란 중에 기능이 강화되어 군사 문제뿐 아니라 내정과 외교 문제까지도 총괄하게 되었다. 그리고 임진왜란이 끝난 뒤에도 비변사의 기능이 그대로 유지되어 군사와 정무를 모두 관장하는 최고 관청이 되었다.

조선 후기 영조 때 완성된 『속대전』에 따르면 비변사의 직제는 도제조都提調·제조·낭관郎官으로 이루어졌는데, 의정부 정승들이 도제조를, 6조 판서들이 제조를 겸하도록 되어 있었다. 이처럼 의정부와 6조의 정승·판서들이 모두 비변사에 모여 국사를 논의했으므로 의정부는 유명무실한 존재가 되고 말았다. 비변사의 기능

의정부인義政府印, 금속, 6.7×6.7×8.7cm, 1894년경, 국립고궁박물관. 이 의정부인은 1894년 12월 의정부가 폐지되고 내각으로 개편되던 시기에 사용된 것이다. 1896년 고종은 다시 내각을 의정부로 개칭했는데, 이 도장은 일제에 맞서 고종이 자주권을 지키려던 상징물이라 할 수 있다.

확대가 의정부와 6조를 중심으로 하는 행정 체계를 문란하게 한다는 비판이 없지 않았지만 조선 후기 내내 그대로 유지되었다.

비변사의 기능이 비대해진 것은 다른 한편으로는 왕권을 약화시키는 측면이 있었다. 이 때문에 흥선대원군은 집권 직후인 1865년(고종 2) 비변사를 폐지하고 그 업무를 의정부로 이관하는 동시에 국초에 있던 삼군부를 다시 설치해 군사 업무를 따로 떼어 담당하게 했다. 한편 1894년(고종 31) 갑오개혁 때 6조를 내무·외무·탁지·군무·법무·학무·공무·농상 등 8개 아문衙門으로 개편하고 의정부 직속으로 두었으며, 1907년 마침내 의정부를 내각內閣으로 개편함으로써 전통적인 의정부·6조 제도가 종식되었다.

조선의 의정부와 6조는 조선의 최고 행정 기관이었다. 그리고 의정부의 3정승과 6조의 판서는 조선의 최고 관직이며, 출세의 상징이었다. 조선 왕조 500년 동안 정승, 판서는 온 백성의 선망의 대상이었고, 셀 수 없이 많은 사대부가 자신의 출세를 위해서, 그리고 가문의 영광을 위해서 그 자리에 오르고자 노력하고 경쟁했다. 어떤 사람이 정승, 판서가 될 수 있었을까? 능력 있는 사람? 고매한 인격을 가진 사람? 아니면 시기를 잘 타고난 사람? 관운이 좋은 사람? 권모술수에 능한 사람? 과거에 어떤 사람이 정승, 판사가 되었는지 우리로서는 다 알 수가 없다. 하지만 지금 그리고 앞으로 어떤 사람이 고위 공직자가 되어야 하는지는 안다. 도덕적으로 깨끗하고 능력을 갖춘 사람이다. 아니, 부패하고 무능한 사람이어서는 안 된다. 2015년, 대한민국, 이 생각이 더욱 절실하다.

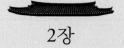

2장

비변사,
무소불위의 권력을 행사하다

배우성 서울시립대 국사학과 교수

"비변사를
의정부에 합하라"

1865년(고종 2) 대왕대비가 이런 하
교를 내렸다. "의정부란 바로 대신들
이 모든 관청을 지휘하고 모든 정치
를 관리·감독하는 곳이니 그 중요성은 다른 관서와 견줄 바가 아
니다. 그런데도 서울과 지방의 사무를 전부 비변사에 맡기고 있다.
이런 관례가 언제부터 시작되었는지는 알 수 없지만, 일의 이치로
보건대 그럴 수는 없다. 지난번 의정부와 비변사의 업무를 명확히
구별하게 한 것 또한 의정부의 위상을 옛날처럼 회복하려는 의도
에서 나온 결정이었다. 지금부터는 의정부와 비변사를 합하여 하
나의 관청으로 삼는다. 비변사 건물은 그대로 의정부의 조방朝房으
로 삼을 것이며, 대문의 문틀 위에다 현판을 새겨서 걸도록 하라."
(『고종실록』 2년 3월 28일)

대왕대비는 풍양 조씨 조만영의 딸인 신정왕후 조씨다. 풍양 조
씨는 순조 말부터 두각을 나타내 헌종 때에는 안동 김씨의 대안 세
력으로 떠올랐다. 풍양 조씨가 그런 위상을 점할 수 있었던 것은
신정왕후 조씨가 효명세자(익종)의 비이자 헌종의 어머니였기 때문
이다. 철종이 죽자 새로운 왕을 옹립할 권한은 온전히 그녀 손안

에 있었다. 그녀는 흥선대원군의 둘째 아들을 새 왕(고종)으로 삼았다. 그러고는 얼마간 수렴청정을 했지만, 실제로는 새 왕의 생부인 흥선대원군이 권력을 장악했다. 두 사람은 순조대 이래로 오랫동안 권력을 쥐어온 안동 김씨를 견제하고 권력의 중심축을 새롭게 다져나갈 필요성에 대해 공감하고 있었다. 비변사란 대체 무슨일을 하는 기구이기에 신정왕후가 이런 결정을 내렸던 것일까.

무소불위의 비변사

『만기요람』(1808)은 서영보·심상규 등이 왕명에 따라 편찬한 일종의 통치 가이드북인데, 여기에 비변사가 수행하는 기능이 상세히 설명되어 있다. 비변사를 지배하는 것이 곧 권력을 장악한다는 말과 동의어였던 이유는 무엇보다 비변사가 광범위한 인사 문제에 개입할 수 있었기 때문이다. 왕조 국가에서 최종 인사권자는 말할 것도 없이 군주다. 그런데 군주는 보통 3인의 후보자를 놓고 그중에서 택해야 했다. 그것도 1위 후보자를 택하는 게 일반적이었다. 따라서 주요 관직에 대해 어떤 기구가 후보자를 단수 추천하거나 3인의 후보자 순위를 정하여 올리는 역할을 한다면, 이는 사실상 막강한 권력이었다.

비변사는 우선 유수·평안감사·함경감사·의주부윤·동래부사·제주목사·통제사·평안병사 등의 관직에 대해 3배수의 후보자를 천거할 수 있었다. 이 관직들은 국방상 중요성이 인정되었던 곳이다. 개성·강화·수원·광주 등 네 곳에는 수도 한양을 외곽에서 방어한다는 취지로 유수부가 설치되었다. 평안감사·함경감사·의주

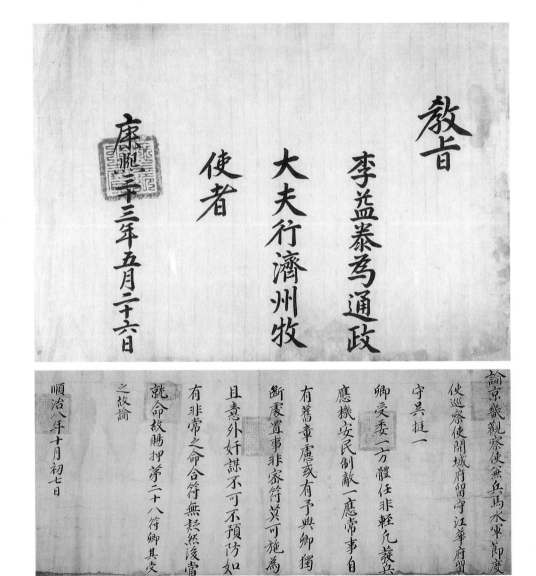

教旨

李益泰爲通政
大夫行濟州牧
使者

康熙三十三年五月二十六日

諭京畿觀察使兼兵馬水軍節度
使巡察使開城府留守江華府留
守吳挺一
卿受委一方體任非輕凡護兵
應機安民制敵一應常事自
有舊章應或有予與卿獨
斷處置事非密符莫可施爲
且意外奸謀不可不預防如
有非常之命合符無然後當
就命故賜押第二十八符卿其受
之故諭

順治八年十月初七日

고지(위), 78.0×55.0cm, 1694, 국립제주박물관.
유서, 51.0×122.5cm, 1651, 경기도박물관.
제주목사 개성부유수 및 강화부유수로 임명하는 일에 있어서 비변사는
인사 후보자를 직접 추천하는 막강한 권력을 쥐고 있었다.

부윤·평안병사 등은 중국 쪽, 동래부사·제주목사·통제사 등은 일본으로부터 있을지 모를 군사적 위협에 대비해야 했다. 말하자면 비변사는 국방을 담당하는 주요 관직에 대해 천거권을 행사했던 것이다.

비변사는 또 안핵사·위유사·간진사·순무사·원접사·반송사·암행어사 등에 대해서는 임금에게 단수로 추천했다. 선혜청·주전소의 당상을 임명할 때도 마찬가지다. 이 관직들은 모두 특수 목적을 수행하기 위한 것들이다. 안핵사는 민란 등 커다란 사건을 수습하고 처리하는 관원이며, 위유사는 천재지변 등을 당한 백성을 만나 위로하고 민심을 수습하는 관원이다. 감진사는 흉년의 실태를 파악하고 지방관의 진휼을 관리·감독하며, 순무사는 국지적 반란이나 전시 상황을 수습해야 했다. 암행어사는 지방관을 비밀리에 감찰하기 위해 파견하는 관원이다. 원접사·반송사는 중국 사신을 맞아들이고 호송하는 역할을 하는 관원이다. 선혜청은 대동법을 주관하는 관청이며, 주전소는 동전을 주조하기 위해 임시로 설치하는 관청이다.

조선 후기 정치사의 특징 중 하나는 주요 정치 세력이 수도권 방어를 명분으로 군영들을 설립했다는 점이다. 훈련도감을 필두로 하여 금위영·어영청·수어청·총융청 등이 세워졌다. 이 다섯 곳의 군영은 한양 도성을 안팎에서 방어했을 뿐만 아니라 주요 정치 세력의 재정적·물리적 기반이 되기도 했다. 비변사는 이 군영들의 책임자(군영대장)에 대해서도 임금에게 3명의 후보를 추천했다. 말하자면 비변사는 국방과 재정에 관한 거의 모든 관직에 대해 추천권을 행사했던 것이다.

문박직 후보자를 추천하는 일은 기본적으로 이조의 업무였다. 그런데 이조판서·이조참판·이조참의 등의 책임자 자리가 모두 공석이 되는 일이 일어날 수도 있었다. 이때 이조참판 후보자를 천거할 수 있는 곳이 바로 비변사였다. 때로는 후보자의 경력에 구애받지 않고 이조참의를 추천할 수도 있었다. 특별한 사정이 생기면 비변사는 자신과 무관한 이조의 책임자를 천거하기까지 했던 것이다.

각 지방에서는 매해 정기 군사 훈련 계획, 재해 현황, 환곡 징수 현황, 소나무 유지 관리 현황 등 다양한 종류의 지역 현안에 관한

『공폐貢弊』. 비변사 편. 41.0×27.3cm, 1753, 규장각한국학연구원. 영조 29년 각종 공인들이 자신들이 겪고 있는 문제에 대해 정부에 탄원한 상소와 이에 대해 정부 측에서 조처한 내용을 기록한 책이다.

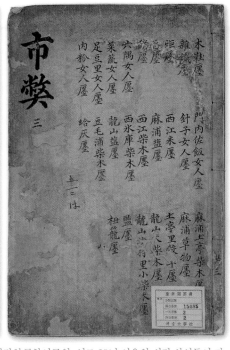

麻浦鹽廛

一矣廛兩業自是水運之物故合水則貨絶裁業而
兩難鹽石皆出於商賈船故若干付利卻下而鬻賣
於京外者而急自十餘年前木覓烽燧軍四五人偸
小船載高鹽而捧船價而已矣反生舐糠及米之誅
者認作利窟爭造大船今至數十隻為後往鹽而如
藉其烽軍之勢任自載運亂賣取利厥業無賴有力
梭出入專取其利為白乎兩夫烽軍為後緩意是寄
則何散離其信地遠出水路是白遣且其立俟之利

市弊
三

木鞋廛
雜鐵廛
門內佐飯女人廛　麻浦土亭柴木廛
針子女人廛　麻浦草物廛
西江米廛　土亭陵十廛
麻浦鹽廛　龍山柴木廛
西江柴木廛　龍山於里小柴木廛
六隅女人廛　西水庫柴木廛
菜蔬女人廛　鹽廛
足豆里女人廛　豆毛浦柴木廛
內粉女人廛　杻籠廛
蛤灰廛

『시폐市弊』, 비변사 편, 41.3×27.6cm, 1753, 규장각한국학연구원. 영조 29년 서울의 시전 상인들이 자신들이 겪고 있는 문제에 대해 정부에 단원한 상소와 이에 대해 정부에서 조처한 내용을 기록한 책이다.

보고서를 비변사로 올렸다. 비변사는 해당 사항을 정리해 임금에게 보고하거나 처리 방향을 제시하고 재가를 받아 시행하기도 했다. 특별히 소나무는 군용 선박이나 조운선, 임금이 타는 배, 돌을 운반하는 배, 나룻배, 훈련도감의 비상 선박뿐만 아니라 얼음창고를 만들거나 제방을 쌓는 데에도 필수적인 물자였다. 이런 용도의 목제가 필요하다는 요구가 들어오면, 비변사는 단순히 허가하는 것이 아니라 직접 해당 수량만큼을 벌목해서 지급했다. 그 밖의 특수한 용도로 소나무를 벌목해야 할 때는 모두 경연에서 왕의 재가를 받았다.

임금이 온천을 찾거나 선대왕의 무덤을 찾기 위해 서울을 비울 때면 비변사는 한양에 남아 상황을 살피고 관리했다. 바다에서 표류해온 다른 나라 사람들을 본국으로 송환하는 일도 비변사의 임무 중 하나였다. 심지어 비변사는 공명첩이 유용되지 않도록 관리했을 뿐만 아니라 각 관청에 소속된 하급 관원들의 야간통행증을 발급하고 관리하는 일까지 관장했다.

비변사는 국정의 거의 모든 문제를 주관했다고 해도 과언이 아니다. 그런 관청을 안동 김씨가 오랜 기간 장악해온 것이다. 그 사실을 아주 잘 알고 있었을 신정왕후와 흥선대원군 입장에서 보면, 안동 김씨 세도 권력을 실질적으로 무력화하는 방법은 비변사를 직접 장악하거나 아니면 의정부에 합치는 길밖에 없었다. 그들은 후자를 택했다. 독자적인 세력 기반이 취약한 상태에서 이제 막 권력을 잡은 흥선대원군으로서는 의정부를 정상화하고 거기에 비변사를 병합하는 편이 상대적으로 '쉬운' 길이었다.

비변사를 궁궐 안에 두어야 할까

비변사를 구성하는 사람들은 누구였을까? 비변사의 최고위직인 도제조는 현직 혹은 전직 의정이 겸임했다. 도제조 아래 제조가 있다. 제조는 변방의 사정에 정통한 사람, 이조·호조·예조·병조의 판서, 강화유수 등에게 겸임하도록 하는데 정원은 없다. 제조 가운데 일종의 실무 역할을 할 수 있도록 유사당상을 두었다. 1713년(숙종 39)에는 팔도구관당상 직제가 마련되었다. 전국 팔도에서 올라오는 사무를 도별로 전담할 수 있도록 한 것이다. 이들이 비변사의 당상관들인데, 새로 당상을 임명할 때에는 비변사에서 임금에게 구두로 추천하거나 혹은 문서로 결재를 받아야 했다.

임금은 대궐 안 빈청이라 불리는 곳에서 조정의 중신들과 정기적으로 회의를 열었다. 이를 차대次對라 했다. 매달 3일·13일·23일에 진행되던 회의는 숙종대 이후로 5일·10일·15일·20일·25일·30일 등 총 여섯 차례로 늘어났다. 차대가 비변사 당상들만을 위한 모임이었다고는 할 수 없다. 그러나 임금이 차대에서 만나는 사람들 중 적지 않은 이가 비변사 당상이었다.

인조가 문장가로 이름 높았던 이식을 비변사 당상으로 임명한 것은 1636년(인조 14)의 일이었다. 병자호란의 조짐이 뚜렷해지던 바로 그 시점이었다. 비변사 당상의 역할은 평상시에도 중요했지만, 언제 전쟁이 일어날지 모르는 상황이라면 더 말할 필요가 없었다. 이식은 위중한 상황에 대처하기에는 자신이 적임자가 아니라고 판단하고, 질병을 이유로 사직소를 올렸다. 그런데 이 상소에는 당시 비변사의 실태와 위치에 관한 흥미로운 이야기가 담겨 있다.

이식의 주장에 따르면, 예로부터 중국의 문하성과 추밀원은 모두 대궐 안에 있었으며 명나라 때의 내각제도 또한 그러하다. 기밀을 취급하는 기관이 대궐 안에 청사를 두었다는 것은 무슨 의미인가. 관원이 자리를 뜨지 않아서 군주에게 아뢰고 대답하는 일에 불편함이 없기 때문에, 아무리 큰 문제라 해도 아침에 아뢰면 해가 저물기 전에 이미 시행하라는 재가를 얻을 수 있는 것이다. 기밀이 누설될 일도 없다.

이식은 비변사도 마땅히 그래야 한다고 주장했다. 그런데 이식의 눈에 비친 조선의 현실은 중국과는 정반대였다. 무엇보다 비변사가 대궐 안에 있지 않은 점이 문제였다. 궐 밖에 있으니 관원들이 근무할 때를 제외하고는 비어 있는 때가 많았다. 기밀문서를 작성해 보고하는 과정도 문제였다. 낭청과 서리들로 하여금 문서를 작성하게 하고, 그 문서 보따리를 가지고 남산南山과 백악白嶽 사이를 분주히 오가게 하니, 정무가 지체되며 기밀은 누설되고 말았다. 또 보고서를 작성할 때 낭관이 초안을 잡고 서리가 해서체로 옮겨 쓰니 그 과정에서 기밀문서함의 봉함을 유지할 수 없게 됨은 물론이었다. 경저리가 임금의 재가 사항을 옮겨 적는 과정에서 기밀은 쉽사리 새어나가고 만다. 문제를 해결하기 위한 실마리를 어디서 얻을 것인가. 이식은 비변사를 궐 안으로 이전하자고 주장했다.(이식, 『택당집』 권8 「병자대사성비국당상사면소丙子大司成備局堂上辭免疏」)

효율적으로 의사 결정을 하고 정책 기밀을 유지하기 위해 비변사를 궐 안에 두지 않을 수 없다는 이식의 주장은 오늘날의 눈높이로 봐도 매우 합리적이다. 그러나 그때는 물론 그 이후로도 비변사 청사는 궐 안으로 옮겨지지 않았다. 궐 안에 있는 관청들을 궐내각사라고 하는데, 조선시대 궐내각사에는 홍문관·예문관·규장각 등 왕을 인문적으로 보좌하는 자문 기구들이 포진해 있을 뿐이었다. 국방과 재정 실무를 관장하는 비변사 같은 권력 기구를 궐내에 둔다는 것은 조선 왕조의 전통과는 맞지 않는 일이었던 것이다.

비변사는
어디에?

비변사가 처음 청사를 가진 관청이
된 것은 1555년(명종 10)의 일이었다.
최초의 청사가 정확히 어디에 있었
는지는 확실치 않다. 이수광의 『지봉유설』에는 '기로소 남쪽'에 있
었다는 기록이 있다. 기로소는 은퇴한 관원을 예우하기 위한 기관
이었다. 『지봉유설』이 광해군대(1614, 광해군 6)에 편찬된 기록임
을 감안한다면 그곳 '기로소 남쪽'이 비변사의 최초 청사 위치일 가
능성이 높다. 『신증동국여지승람』에 따르면, 기로소는 '중부 징청
방'에 있었다. 『서울지명사전』에 따르면, 징청방은 현재의 종로
1가·수송동·청진동·세종대로에 해당되는 곳이다. 조선시대에 그
려진 「도성도」를 참고해보면 기로소는 지하철 5호선 광화문역 3번
출구쯤에 위치했던 것으로 추정된다. 비변사가 그 아래쪽에 있었
다면 지금의 광화문 교보빌딩 혹은 시민열린마당 자리일 가능성이
높다. 현재 시민열린마당 쪽에는 기로소 표석이 있다. 어느 경우든
이곳은 육조거리의 끝자락이다. 조선시대 육조거리가 그곳에 조성
되었던 것은 정궁인 경복궁 앞으로 주요 관서를 배치하기 위해서
였다. 그런 점에서 보면 명종 때 설치된 비변사가 육조거리의 끝자
락에 자리잡은 것은 자연스러운 일이었을 것이다.

무슨 이유에서인지는 알 수 없지만, 비변사는 얼마 뒤 새로운 곳
에 터를 두게 되었던 듯하다. 이식의 상소에 비변사의 하급 관원들
이 '남산과 백악 사이'를 분주히 왕래한다는 표현을 다시 보자. 백
악은 경복궁의 뒷산인 백악산이므로, 임진왜란 전까지 조선의 정
궁이었던 경복궁 자체를 가리킨다. 비변사의 실무 관원들이 남산
에서 경복궁까지 왕래한 것은 비변사 청사가 남산에 있었기 때문

비변사

기로소

「도성도」, 규장각한국학연구원. 최초의 비변사는 육조거리 끝 기로소 남쪽에 위치해 있었다.

일 것이다. 남산 자락은 뒷날 군영의 훈련장이 되었을 정도로 군사
기구에는 친숙한 공간이었다.

고종 때 편찬된 것으로 여겨지는 『동국여지비고』에는 이런 기록
이 있다. "비변사: 중구 정선방에 있고, 다른 하나는 경희궁 흥화
문 밖에 있다." 『서울지명사전』에 따르면, 정선방은 현재 봉익동·
와룡동·권농동·묘동·낙원동·익선동·운니동·돈의동 일부 지역
에 해당된다. 조선시대에 제작된 「도성도」, 일제강점기에 제작된 「경
성지도」 등을 보면, 창덕궁 돈화문 바로 맞은편에 비변사가 있었다
는 사실을 확인할 수 있다. 현재 이 자리에는 비변사 터라는 표식
이 세워져 있다. 흥화문은 경희궁의 동쪽 문이었는데, 지금 복원
된 흥화문은 경희궁의 남쪽 문에 해당되는 자리에 있다. 따라서
고종 때 흥화문이라면 현재의 구세군회관 왼편 지역에 해당된다.
육조거리의 끝자락에서 남산으로 옮겨갔던 비변사는 어느 시점엔
가 이 두 곳으로 청사를 이전했던 것이다.

비변사는 왜 하필 이 두 공간에 청사를 마련했던 것일까. 저간의
사정을 알려주는 기록은 없다. 분명한 사실은 비변사가 육조거리
를 떠난 이후 더 이상 광화문 앞쪽을 고집하지 않았다는 점이다.
비변사에 있어 육조거리는 왕이 사는 궁궐과 가장 가까운 자리라
는 점이 중요했을 것이다. 어차피 궐 밖에 있을 수밖에 없다면, 궁
궐과 가장 가까운 곳에 자리를 정해야 불시에 발생할지도 모를 국
가적 현안들을 임금에게 바로 보고하고 결정할 수 있기 때문이다.

그런 경복궁이 임진왜란으로 불타고 말았다. 광해군 이후로 조
선의 임금들은 경복궁 대신 그 동쪽의 창덕궁과 창경궁, 그리고 그
서쪽의 경희궁에 주로 살게 되었다. 전자를 동궐, 후자를 서궐이라

부르는 것도 경복궁을 중심으로 한 방향감각 때문이다. 흥미로운 사실은 새로운 비변사의 청사 두 곳이 동궐과 서궐에서 가장 가까운 데 있었다는 점이다. 동궐과 서궐을 중심으로 한 양궐 체제가 이뤄지면서 비변사는 왕의 거처에서 가장 가까운 위치에 청사를 마련했던 것이다.

비변사가 청사를 두 곳에 유지했다고 해서 두 청사가 늘 온전하게 활용되었다는 의미는 아니다. 비변사는 양궐 가운데 왕이 사는 곳이 어디냐에 따라 그곳 인근의 청사를 활용했다. 보통 왕들은 주로 동궐에 거주했지만, 영조는 달랐다. 사도세자와 사이가 벌어지면서, 마침내 동궐을 떠나 서궐로 거처를 옮긴 뒤 그곳에서 10여 년을 지내다가 죽었다. 경희궁 앞 비변사 청사는 이 기간 동안 집중적으로 활용되었을 것이다.

비변사만 두 곳에 청사를 유지했던 것은 아니다. 그런데 적지 않은 관서가 이렇듯 청사를 두 공간에 두다보니 의도치 않은 문제가 발생하기도 했다. 왕의 처소가 아닌 궁궐 앞 청사들을 사대부들이 무단으로 사용하는 일이 벌어진 것이다. 언제 청사로 활용될지도 모를 대비 공간을 점거한 이들은 대부분 그 관청의 누군가와 안면이 있는 사람이었다. 청사를 지키던 말단 관리자들이 그들을 제지하기는 어려웠다. 숙종은 잘못된 관행을 금지시키는 비변사의 제안을 재가했다.(『승정원일기』 숙종 27년 12월 29일)

숙종의 방침에도 불구하고 사대부들이 궐 앞에 텅 비어 있는 청사 공간을 사용하는 일은 끊이지 않았다. 대개 경희궁 앞 청사가 문제가 되었다. 조선 후기에는 임금들이 주로 동궐에 기거했기 때문이다. 1731년(영조 7)에도 사대부들이 경희궁 앞의 청사 건물들을 무단으로 사용하는 일이 벌어졌다.

처음에 한성부는 궐 앞의 관청 청사를 허가 없이 빌려 쓴 사람들의 명단을 적어 올리겠노라고 제안했다. 이에 영조가 말했다. "시어소時御所도 아니며 민가도 아니니 그렇게까지 할 필요는 없다." 이후 한성부는 비어 있는 궐 앞 관청 청사에 대해 큰 관심을 기울이지 않았다. 얼마 뒤 관련 보고서를 받은 영조는 이 상황을 엄히 단속하지 못한 한성부 관원에게 죄를 주라고 명했다가, 병조판서 김재로의 문제 제기를 받아들여 명을 거두어들였다.(『승정원일기』 영조 7년 3월 9일) 영조는 해당 건물의 관리·감독 책임을 한성부로부터 각 관서로 옮기도록 했다.(『승정원일기』 영조 8년 6월 22일)

정조는 경희궁 숭정문에서 즉위했지만, 곧 동궐로 거처를 옮겼다. 정조가 규장각을 설치하고 자신의 구상을 설계했던 곳도 동궐이다. 비변사는 정조의 거처를 따라 창덕궁 앞의 청사를 새롭게 활용하기 시작했을 것이다. 상황이 이렇게 되다보니 경희궁 앞의 비변사 청사는 빌 수밖에 없었다. 정조는 이 빈 공간을 『영조실록』을 편찬하기 위한 사무실로 활용하기도 했다.

비변사가 남긴 흔적들

비변사에서 회의가 열리는 날이면, 이 기구의 하급 실무자인 낭청은 회의에 참석해서 그 내용을 기록했다. 이 기록들을 모은 책자는 지금 『비변사등록』이라 불린다. 조선왕조실록은 각종 사료를 참고해 재정리한 2차 사료이지만, 『비변사등록』은 당시의 회의 내용을 그대로 기록했다는 점에서 사료적 가

치가 더 높다. 『비변사등록』을 소장하고 있는 곳은 조선시대에 왕

립도서관 역할을 했던 규장각이다. 그런데 규장각에는 비변사가

제작하고 활용한 각종 자료가 적지 않게 남아 있다. 지도를 포함

한 이 풍부한 자료들 위에는 비변사가 제작 주체임을 표시하는 네

모난 도장이 찍혀 있다.

　도장이 찍혀 있는 자료들 중에는 「울릉도도형」이라는 지도도 있

다. 이 지도의 오른쪽 아래로 '비변사'라는 표시가 보인다. 박석창

이 삼척영장에 임명된 것은 1710년(숙종 36)의 일이었다. 안용복

『비변사등록』, 비변사 편.
44.0×31.4cm, 국보 제152호, 1617~1892,
규장각한국학연구원.

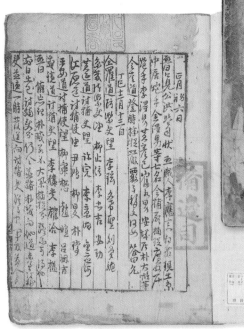

사건 이후로 삼척영장에게는 3년에 한 차례씩 울릉도를 현지 조사하고 보고서를 작성해 올리는 임무가 부과되었다. 1711년(숙종 37) 박석창은 군관, 통역관 등 일행을 이끌고 울릉도에 다녀온 뒤 「울릉도도형」이라는 지도를 작성해 비변사에 올렸다.

지도는 서쪽을 위로, 동쪽을 아래로 하고 있다. 해안가 곳곳에 배를 맬 만한 곳, 백성이 살 만한 곳이 표시되어 있다. 지도 아래쪽으로 저전동竹田洞이라는 곳에도 같은 표시가 있는데, 오늘날 오징어잡이 배의 불빛으로 유명한 저동항에 해당된다. 지도 왼편 옆으로는 나무판에 새겨 동쪽 바위 위에 세워두었다는 글씨가 있다. 이 기록에 따르면, 박석창 일행은 왜선창에서 출발해 대풍소까지 갔다고 한다. 왜선창은 지도 아래쪽, 즉 동편 해안이며, 대풍소는 지도 위쪽, 즉 서쪽 해안가다.

박석창은 이 표지판에 바다를 건너 임무를 수행한 감회를 시로 써서 남겼다. 내용은 이렇다. "만 리나 되는 차갑고 어두운 바닷길/ 장군이 계수나무 배를 타고 건너왔네/ 평생토록 충성과 믿음을 의지해왔으니/ 험한 길이라 해도 아무 근심 없어라." 울릉도에 있는 독도박물관 향토사료관에는 이 시를 돌에 새긴 유물 「도동리신묘명각석문」이 전한다. 이 유물에 따르면, 박석창은 울릉도를 조사한 뒤 이 내용을 '묘방卯方', 즉 동쪽에 있는 돌에 새겨두었다고 한다. 박석창이 나무판을 세우고 같은 내용을 돌에 새긴 곳은 왜선창이었음을 알 수 있다. 왜선창은 현재의 도동항에 해당된다.

비변사가 남긴 지도 자료 가운데 상당수가 영조 때 제작되었다. 이는 영조가 팔도구관당상제를 적극 활용했던 사실과 무관하지 않다. 영조는 이렇게 말했다. "비록 감사가 있다 해도 민생 문제를

辛卯五月十四日自倭舡倉移舟浮
風所掇書一句以標日後朴刘立卯岩於方上
萬里澄滇外將軍駕桂舟平生伏忠
信履險自無憂搜討官折衝將軍三
陟營將無水軍全即制使朴錫昌軍
官折衝朴省三全壽元倭學朴命选

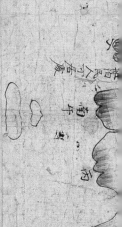

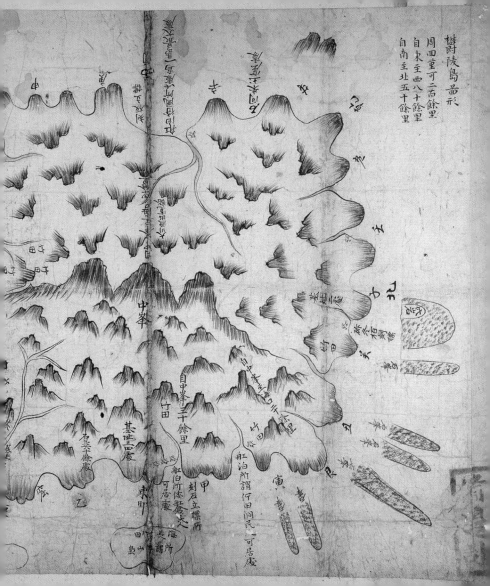

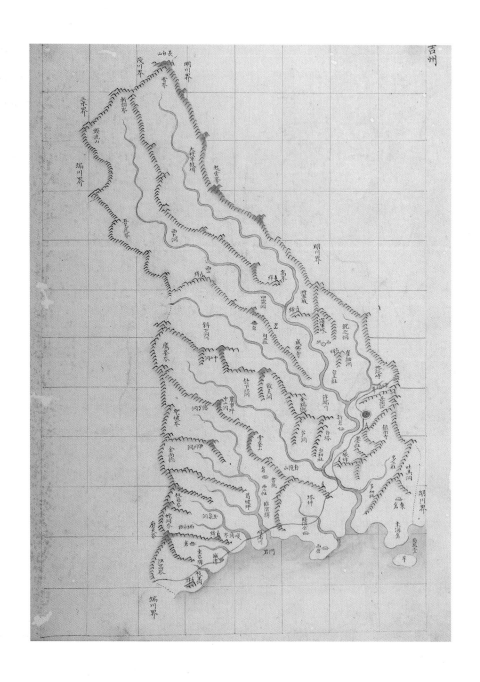

『조선지도』 중 '길주', 종이에 채색, 49.8×38.5cm, 보물 제1587호, 1767~1776, 규장각한국학연구원.
조선 후기에 제작한 군현 지도로, 방안의 크기는 4.2센티미터 정방형이다.
'비변사'라는 도장이 찍혀 있어 비변사에서 보관한 것임을 알 수 있다.

상의해 해결하는 데는 구관당상만 한 것이 없다. 이제 팔도구관당상을 차출했으니, 각 도의 군역 문제는 해당 구관당상과 감사가 서로 의논하여 해법을 찾도록 하라. 아. 그대들 팔도구관당상은 부지런히 힘써서 나의 뜻을 저버리는 일이 없도록 하라."(『영조실록』 10년 1월 14일)

비변사는 이미 국정의 중심에 있는 기관이었지만, 팔도구관당상 제가 재정비되면서 사회경제적 현안에 더욱더 깊이 간여했다. 규장각 자료들 중에는 영조 때 비변사 팔도구관당상이 간여했음 직한 각 도의 군현지도들이 있다. 기술적으로 봤을 때, 이 비변사 지도들은 조선의 지도가 김정호의 「대동여지도」로 발전해가는 데 중요한 징검다리 역할을 했다고 할 수 있다. 비변사 도장이 찍혀 있는 이 실물들은 역사가 왜 비변사를 조선 후기 국정의 중심축이라고 서술하고 있는지를 웅변해준다.

3장

규장각,
국왕의 글이 빛나는 곳

김문식 단국대 사학과 교수

국왕의 글이 빛나는
건물을 세우다

정조는 1759년에 8세의 나이로 왕세손에 책봉되었고, 1762년에 부친 사도세자의 갑작스런 죽음으로 국가의 대통을 계승할 동궁이 되었다. 이때 정조는 창덕궁에서 경희궁으로 거처를 옮겼으며, 1776년 국왕이 될 때까지 줄곧 그곳에서 생활했다. 이 무렵 할아버지 영조도 함께 거처할 때가 많았다.

동궁 정조는 경희궁에 머물면서 몇몇 특별한 건물을 세웠다. 희정당 건물 동남쪽에 2층 건물을 지어 위층을 주합루宙合樓, 아래층을 존현각尊賢閣이라 부르고 이곳을 학문의 중심지로 삼았다. '주합'이란 이름은 『관자管子』의 편명에서 나온 것으로, 천지와 사해四海가 하나의 덩어리를 이룬 상태를 일컫는다. 이는 국왕과 신하 모두 어질고 덕망을 지녔으며 현명할 때에만 달성될 수 있었다. '존현'은 학식과 덕망이 있는 현자를 높인다는 뜻이다. 존현각은 동궁의 학습 장소였던 친현각親賢閣 자리에 세웠기에 생긴 이름이며, 존현이나 친현의 뜻은 비슷하다. 정조는 주합루 곁에 정색당貞賾堂이라는 서재를 만들어 각종 도서를 보관하고, 비서관祕書館이라는 기구가 이를 관리하도록 했다. 정조는 경희궁 시절부터 장차 창덕궁에 설

서향각

주합루

「동궐도」, 273.0×576.0cm, 국보 제249호, 1830년 이전, 고려대박물관. 정조가 창덕궁 후원에 건설한 규장각의 주합루 건물.

「서명응 초상」, 비단에 채색, 43.6×33.9cm, 덴리대.
서명응은 정조의 스승으로서 규장각 설립 때 규장각 제학을 맡았다.

립하게 될 규장각의 축소된 형태를 갖추고 있었다.

서명응은 1772년 세손의 스승이 되어 정조를 교육하기 위한 교재를 만들고, 경희궁 일대를 학문 수련의 장소로 삼았다. 서명응은 경희궁의 주합루와 정색당에 대한 기문에서 '국가를 다스리는 깊은 이치는 도서에 담겨 있으므로 도서를 수집해 보관하는 일이 중요하다. 그러나 정조는 마음을 수양하여 덕을 좋아하고 욕심을 물리치는 일이 더 중요하다'고 강조했다. 이후 서명응은 정조가 규장각을 설립할 때 규장각 제학으로서 그 실무를 담당했다.

그러던 중 1776년 3월, 정조는 국왕에 즉위한 이튿날 창덕궁 후원에 규장각을 창설하라고 명했다. 이는 완전히 새로운 기구를 만드는 것이 아니라 원래 있던 기구를 계승하여 발전시키는 법고창신法古創新의 조치였다.

규장각 건립을 처음 제안한 이는 양성지梁誠之다. 1463년(세조 9) 양성지는 송나라 황제들이 어제御製(황제나 국왕이 지은 글)를 보관하는 건물을 별도로 두어 관리했음을 거론하며, 조선 국왕의 어제를 보관할 규장각을 설치하자고 건의했다. 더불어 규장각의 제도도 거론했다. 그는 경복궁 인지당麟趾堂 동쪽 별실에 국왕의 어제를 보관하고 '규장각'이라 명명하며 대제학, 제학, 직제학 등의 관리를 두자고 했다. 그러나 양성지의 건의는 실현되지 못했다.

규장각 건물이 처음 건립된 것은 1694년(숙종 20)의 일이다. 숙종은 종친에 관한 업무를 관장하던 종정시宗正寺에 별도의 건물을 세우고 역대 국왕들의 어제와 어필御筆(국왕의 글씨)을 보관하게 했다. 숙종은 '규장각奎章閣' 현판을 친필로 써서 건물에 걸었지만 이때까지 규장각의 직제는 갖춰지지 않았다. 규장각이란 '규성奎星이

숙종 어필의 '규장각' 현판. 국립고궁박물관.

빛나는 건물'이라는 뜻인데, 규성은 하늘의 28개 별자리 중 학문을 관장하는 별 이름이다. 황제나 국왕의 글을 '규한奎翰'이라고도 하므로 규장각은 '국왕의 글이 빛나는 건물'이라는 뜻이 된다.

정조는 숙종대의 규장각을 계승하면서 그 기능을 대폭 확대시켰다. 숙종대의 규장각은 어제와 어필을 보관하는 일종의 창고였다. 반면 정조대의 규장각은 왕실의 물품 및 중국과 조선의 도서를 소장하는 것은 물론이고, 소수의 정예 관리를 두어 국가의 주요 정책을 수립하는 정치기구로 성장했다.

정조가 건립한 규장각은 영조의 어제를 편찬하는 일부터 시작했다. 정조는 영조의 어제를 목판에 새기고 어필을 돌에 새겼다. 또한 여러 곳에 흩어져 있던 영조의 어제를 수집해 필사한 뒤 한 부는 영조의 능인 원릉元陵에, 나머지 한 부는 궁궐 안에 보관하도록 했다. 이 작업이 어느 정도 성과를 거두자 정조는 창덕궁 후원에 영조의 어제와 어필을 보관할 건물을 세웠다. 건물의 2층은 다락이고 1층은 툇마루였는데, 영조뿐 아니라 선왕들의 어제와 어필도

「규장각도」, 김홍도, 비단에 채색, 144.4×115.6cm, 1776, 국립중앙박물관.

봉모당

「동궐도」에 그려진 창덕궁 봉모당.

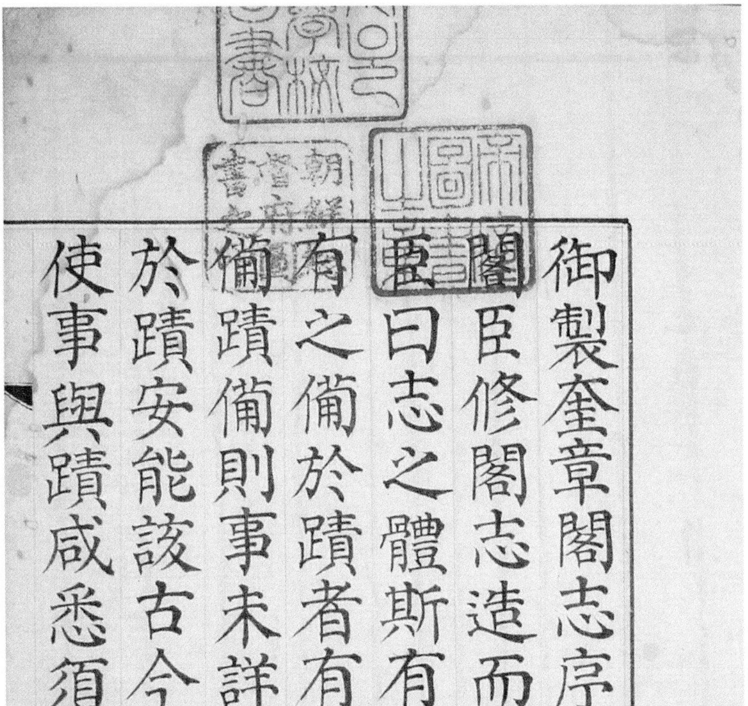

御製奎章閣志序

閣臣修閣志造而言志成予語閣

臣曰志之體斯有二焉詳於事者

有之備於蹟者有之事詳則蹟不

備蹟備則事未詳苟不氏於事氏

於蹟安能該古今綜名實乎哉欲

使事與蹟咸悉須待氏於志之才

『규장각지』, 36.4×23.3cm, 1784, 규장각한국학연구원.
규장각의 제도를 소개한 책으로, 정조의 서문이 실려 있다.

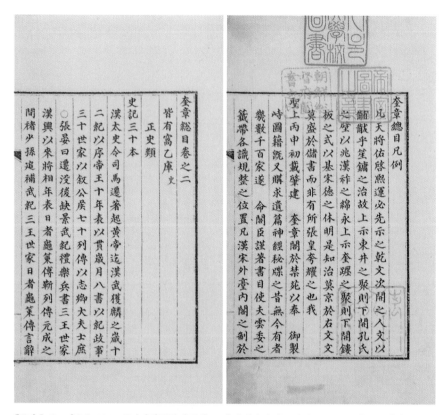

『규장총목』, 서호수, 1781, 규장각한국학연구원. 규장각 개유와에 소장된 중국본 도서 목록이다.

보관했다. 건물이 완성되자 처음에는 '영조의 어제를 보관하는 건물'이라는 뜻으로 '어제각御製閣' 또는 '어제존각御製尊閣'이라 불렀다. 그러다가 정조는 종정시에 걸려 있던 숙종의 '규장각' 현판을 이 건물로 옮겨 달았다. 현판이 만들어진 해(1694)는 바로 영조가 태어난 해와 일치한다는 점을 고려했던 것이다. 정조의 이러한 조치는 왕실의 정통성이 숙종에서 영조를 거쳐 자신에게 이어진다는 사실을 강조하려는 의도를 지녔다. 이제 규장각 건물에는 숙종 어필의 '규장각' 현판과 정조 어필의 '주합루宙合樓' 현판이 함께 걸렸다.

규장각 주변에는 서고를 세웠다. 먼저 규장각 서남쪽에 봉모당奉謨堂이 지어져 규장각에 있던 선대왕들의 물품이 이곳으로 옮겨졌다. 봉모당이 세워진 곳은 원래 열무정閱武亭이 있던 자리다. 규장각 남쪽에는 개유와皆有窩와 열고관閱古觀을 세워 중국본 도서를 보관했고, 서쪽에는 이안각移安閣을 세워 규장각과 봉모당에 보관된 물품들을 포쇄하는 장소로 사용했다. 규장각 서북쪽에는 서고西庫를 세워 조선본 도서를 보관했다.

외규장각 건립과 정조 사후 규장각의 운명

1782년(정조 6) 2월, 강화도에 외규장각 건물이 세워졌다. 위치는 행궁 건물의 동쪽이고 장녕전長寧殿 건물의 서쪽이었다. 정조가 강화도에 외규장각을 설립한 것은 강화도의 지리적 위치와 전략적 가치 때문이었다.

조선시대에는 육상 도로와 함께 강과 바다로 이어지는 수로를 중시했다. 수로는 도로 개설 공사를 할 필요가 없기 때문에 편리함이 있었다. 뿐만 아니라 기마술이 발달한 북방 민족의 침략을 방어하는 데 유리하다는 장점도 있었다.

강화도는 서해에서 한강 입구로 들어와 서울에 이르는 수로의 길목에 있었다. 인체에 비유하면 머리와 몸을 연결해주는 목 부위쯤 되는 위치였다. 이 지역은 평상시에는 경상도와 전라도에서 거둬들인 공물을 서울로 운반하는 통로가 되었고, 유사시에는 서울

강화도에 위치한 외규장각의 모습.

을 방어하는 전초 기지가 되었다.

숙종은 강화도의 지리적 이점을 살려 전략 기지로 육성하고, 자신의 교명敎命과 책보冊寶, 역대 국왕의 어제와 어필, 도서를 별도로 만든 창고에 보관하게 했다. 그러나 이곳을 지키는 관리가 없었기에 왕실의 물품을 봉안할 때에는 중관中官 1명이 나무 상자에 물품을 담아 말로 실어 날라야만 했다. 영조는 강화도의 보관 시설을 정비하려 했지만 결국 뜻을 이루지 못했다.

정조는 외규장각 건물을 완성한 뒤 강화부 창고에 보관하던 왕실 물품과 도서를 이곳으로 옮기게 했다. 규장각 봉모당에 보관하던 왕실 물품도 이곳으로 옮겨졌다. 규장각에 두었던 어람용 의궤가 강화도로 이관된 것도 이때다.

그러던 중 1800년 6월, 정조가 갑자기 세상을 떠났다. 향년 49세의 안타까운 죽음이었다. 정조가 재위하는 동안 정치기구로 기능했던 규장각은 왕의 사망으로 큰 타격을 받았다. 규장각 각신에게 부여되었던 특권이 사라져 더 이상 정치기구로서 역할하지 못했고, 국왕의 물품과 도서를 관리하거나 출판하는 기능만 이어갔다. 1814년(순조 14) 규장각에서는 정조의 문집인 『홍재전서』와 장헌세자(사도세자)의 문집인 『능허관만고』를 동시에 간행했다.

이후 규장각 각신은 계속 임명되었지만 명예직에 그쳤고, 각신이 실제로 하는 일은 어제를 간행할 때 교정을 맡는 정도였다. 이 시기에는 각신보다 잡직에 해당되는 검서관檢書官이 담당한 일이 더많았다. 검서관은 국왕의 일기인 『일성록日省錄』 작성을 계속했으며, 어제를 간행할 때 이를 감독했다.

1857년(철종 8) 창덕궁 후원에 있던 봉모당이 이문원의 부속 건

수교주련受教柱聯, 나무,
각 165.5×30.5cm, 조선 후기,
국립고궁박물관.
"규장각 전임자가 아니면 함부로
들어오지 말라受教 非先生勿入"
"손님이 찾아와도 그 자리를
떠나지 말라受教 見来客不起"는
임금의 분부가 새겨져 있다.

물인 대유재大酉齋로 옮겨졌다. 규장각 각신이 근무하던 이문원의
기능이 크게 약화된 상황에서 역대 국왕들의 어제를 관리하는 임
무를 좀더 수월하게 행하려는 조치였다.

1863년에 고종이 즉위하고 흥선대원군이 집권하면서 규장각 기
능에도 변화가 생겼다. 대원군은 종부시를 종친부宗親府에 합치면
서 종친의 권한을 대폭 강화했고, 이때 규장각에서 보관하던 물품
이 이동되었다. 1873년에 정치적 실권을 장악한 고종이 종친부의
역할을 줄이면서 규장각의 위상은 다소 회복되었다. 규장각 도서
에 대한 관심도 다시 커져 여러 목록이 만들어졌다. 1894년 갑오
개혁과 함께 규장각은 궁내부에 귀속되었고, 1895년에 규장원奎章
院으로 이름이 고쳐졌다. 이때 경복궁으로 옮겨졌던 봉모당 자료는
창덕궁으로 되돌아왔다.

망국의 역사와 운명을 같이하다

갑오개혁 이후 규장각은 궁내부에
소속되었다. 이토 히로부미伊藤博文는
1904~1905년에 특사 자격으로 내
한하여 한일관계를 조사한다는 명목으로 규장각에 있던 상당수의
도서를 일본으로 가져갔다. 또 1906년 초대 통감으로 부임해서는
어필과 국새를 반출하기도 했으며, 2대 통감 소네 아라스케曾禰荒助
역시 고서를 다량 수집해 일본 황실에 기증했다.

1907년에 일제는 식민통치를 위한 자료 정리의 필요성을 느껴
궁내부 조직을 축소하고 규장각 기능을 확대했다. 규장각은 역대
선왕의 도서와 물품을 관리하고 종정원(구 종친부)과 홍문관의 업

무까지 통합했다. 이 시기에 규장각은 홍문관, 시강원, 집옥재, 북한산 행궁에 있는 도서까지 관리했으며, 『조선왕조실록』 『일성록』 『승정원일기』와 같은 국보급 자료가 규장각으로 편입되었다. 규장각 도서과는 소장 도서 10만여 책을 총괄하여 '제실도서帝室圖書'라 명명하고 도서인을 찍었다.

1908년(융희 2) 9월 궁내부는 규장각 기구를 개편하여 전모과典謨課, 도서과圖書課, 기록과記錄課, 문서과文書課를 두었다. 홍문관에 소장된 도서는 1907년 규장각으로 통합되어 도서과에서 관리했고, 사고의 도서는 기록과에서 관리했다. 1908년에는 강화도와 정족산 사고에 있던 도서 5000권이 경복궁 경성전慶成殿으로 옮겨져 관리되었으며, 다른 사고의 도서도 1909~1910년 일본인의 주도하에 조사 작업이 진행되었다.

1909년에 궁내부는 규장각 도서와 사고의 도서, 다른 기관에서 편입된 도서를 합하여 제실도서帝室圖書를 설치했다. 이 무렵 고종은 일본에서 내한한 도서 전문가인 스기야마杉山의 자문을 받아 대제실도서관大帝室圖書館을 건립하려 했다. 고종은 궁내부대신 민병석에게 규장각, 홍문관, 집옥재, 춘방, 북한산 행궁에 소장된 도서들을 모아 정리하라고 명령했다. 도서관을 세울 장소는 북부 사간동의 인수관仁壽館으로 정해졌고 10만여 책의 도서를 관리하기 위해 규장각 도서과가 이곳으로 이전되었다. 1909년에 작성된 『제실도서목록帝室圖書目錄』은 조선본과 중국본의 목록을 사부법四部法으로 분류하여 정리했다. 그러나 여기에는 승화루와 집경당에 있던 서화류가 나타나지 않는다.

1910년 7월에 작성된 『봉모당봉장서목奉謨堂奉藏書目』 『봉모당합내

『규장각서목』, 규장각한국학연구원. 규장각이 제실도서관으로 개편되면서 작성한 총목록이다. 제1책은 규장각누상고책목록奎章閣樓上庫冊目錄이고, 제2책은 규장각누하고책목록奎章閣樓下庫冊目錄이다.

외봉장품목록奉謨堂閣內外奉藏品目錄』『봉무당합외봉장어필석각본목록奉謨堂閣外奉藏御筆石刻本目錄』『봉모당후고봉장서목奉謨堂後庫奉藏書目』은 봉모당에 소장된 도서 및 물품의 종합 목록이다. 앞의 세 목록은 원본이고, 마지막 것은 필사한 복본이거나 인쇄본이다. 『봉모당봉안책보인신목록奉謨堂奉安冊寶印信目錄』은 고종과 순종을 비롯한 황실 가족이 받은 책보冊寶와 고종대에 관청에서 사용되던 인신印信을 정리한 것이다. 이는 북한산 행궁에 있다가 1910년(융희 4) 2월에 덕수궁 정관헌靜觀軒으로 왔고, 4월에 봉모당으로 옮겨졌다.

강제병합으로 인한 반출과 소실의 역사

1910년 한일합병과 함께 구황실의 사무를 관장하는 이왕직李王職이 설치되었다. 1911년 3월에 이왕직이 관리하던 도서를 조선총독부 취조국取調局이 강제로 접수했고, 오대산, 태백산, 정족산 사고의 도서는 정무총감이 취조국장에게 인계했다. 이때 이왕직에서 취조국으로 인계한 자료에는 규장각 도서과에서 보관하던 도서 5353부 10만187책, 기록과에서 보관하던 기록류 1만1730점, 금속활자 65만3921자, 목판 9507판, 부속품 12종, 어제어필각판御製御筆刻板 417판, 수첩본각판手帖本刻板 53판, 액자額子 24판이 있었다.

1912년 4월에 조선총독부의 관제 변화로 취조국이 폐지되고 참사관參事官이 설치되었으며, 참사관 분실에서 취조국 도서를 관리했다. 1915년 12월 조선총독부 참사관 분실에서 소장 도서에 '조선총독부도서지인朝鮮總督府圖書之印'이란 장서인을 찍고, 조선본과 중국본을 구분했으며, 4부部 분류를 하고, 도서번호를 기입하고, 도서 카드를 작성하고, 간단한 해제를 작성했다. 이때 참사관 분실에서 도서 이름을 '규장각 도서奎章閣圖書'라 하였다. 1919년의 『조선해제도서朝鮮解題圖書』와 1921년의 『조선총독부고도서목록朝鮮總督府古圖書目錄』은 참사관 분실에서 작성한 것이다. 참사관 분실에서 부여한 도서번호는 현재까지 사용되고 있다.

참사관 분실에서 실록을 관리하던 중 오대산 사고의 실록이 도

조선왕조실록 오대산사고본. 약 39.0×31.0cm, 국보 제151-3호, 조선시대, 규장각한국학연구원.

교제국대학으로 반출되었다. 1913년 여름에 도쿄제국대학 교수였
던 시라토리 구라키치白鳥庫吉는 조선 총독을 만나 반출 허락을 받
았고, 1913년 11월에 오대산 실록 787책을 도쿄제국대학으로 가져
갔던 것이다. 당시 오대산 실록의 절반은 서울에 와 있고 절반은 오
대산에 있었으며, 서울과 주문진에서 도쿄로 수송되었다. 오대산
실록은 1923년 9월 관동대지진 때 소실되어 73책이 남았고, 그중
27책은 1932년 5월에 경성제국대학으로 이관되었다. 일본에 남아
있던 나머지 실록은 2006년 도쿄대학에서 서울대로 돌아왔다.

　참사관 분실에서 관리하던 규장각 도서는 1922년 11월에 조선

총독부 학무국으로 이관되었다. 학무국에서는 학무과에 분실을 두어 규장각 도서를 관리하도록 했다. 여기서는 더 이상 도서 정리 작업을 진행하지 않았다.

이듬해인 1923년에 경성제국대학이 설립되고, 1930년에는 부속 도서관이 준공되었다. 조선총독부 학무과 분실에서 관리하던 규장각 도서는 1928년부터 1930년까지 세 차례에 걸쳐 경성제대 부속도서관으로 이관되었다.

경성제대가 조선총독부 학무국에서 인수한 도서는 총 16만 1561책이었다. 여기서 1, 2차로 이관된 도서 중 중국본 2만648책을 빼내어 '일반동양도서一般東洋圖書'로 분류했고, 3차 이관분 중에서 복본에 해당되는 『증보문헌비고增補文獻備考』 등 7854책을 제외한 12만8184책만 '규장각 도서'로 지정했다. 여기에는 '경성제국대학도서장京城帝國大學圖書章'이란 장서인이 찍혔다.

경성제대가 보관하던 규장각 도서는 해방 이후 서울대로 이관되었다.

어제와 어진을
제작·보관하다

규장각은 설립 때부터 영조의 어제와 밀접한 관련이 있었다. 앞서 언급했듯이 정조는 규장각을 세운 직후 영조의 어제를 편찬하고 전국에 흩어져 있던 영조의 어제를 모아 필사하라고 명령했다. 이에 따라 1776년 7월에는 영조의 어제가 포함된 『열성어제列聖御製』를 간행했고 뒤이어 『영조실록』 편찬에 나섰다. 『영조실록』이 마무리된 시점은 1781년 7월이었다.

영조의 어제를 편찬하는 사업을 매듭 짓자 정조는 자신의 어제를 편찬하는 일에 관심을 기울였다. 원래 국왕의 어제는 본인이 사망한 뒤 남겨진 글을 수습하여 편집하는 것이 관례였다. 그런데 영조는 국왕으로 있는 동안 자신의 어제집을 여러 번 편찬했고 자기 저술을 인쇄하여 보급하기도 했다. 정조 또한 영조의 행적을 계승하여 자신의 어제집을 편찬하게 했다.

정조의 어제는 1777년 겨울부터 정리되었다. 정조가 직접 서명응에게 자신의 어제 편집을 명하자, 서명응은 그해 말 세손 시절 정조의 시문을 모은 『홍재전편弘齋全篇』(12권)을 편찬해서 올렸다. 1781년부터는 어제집 편찬이 본격화되었다. 이 무렵에 정비된 규장각의 규정에는 국왕의 어제를 분류하여 정리하는 기능이 있었고, 정조의 어제는 22종의 문체별로 분류하여 정리되었다.

정조의 어제를 정리하는 방식은 종류에 따라 차이를 두었다. 시문詩文은 짓는 즉시 문체별로 분류해 정리했고, 전교傳敎·비망기備忘記·판부判付·비답批答 같은 것은 날짜별로 편집해두었다가 핵심 내용을 뽑아 필사한 뒤 교정을 보았다. 또한 경사강의經史講義는 원본을 그대로 베껴 관리했다. 규장각에서 정리된 정조의 어제는 철저하게 관리되었고, 그 결과는 정조의 문집인 『홍재전서』의 편찬으로 이어졌다.

정조는 어제뿐 아니라 자신의 어진御眞 또한 제작하여 규장각에 보관하게 했다. 1781년 8월에 정조는 화원 김홍도 등에게 어진을 그릴 것을 명했다. 이는 10년마다 어진을 제작했던 영조대의 선례를 이어받은 것이었다.

정조의 어진은 그가 세손으로 있던 22세(1773) 때 처음 제작되었

『홍재전서』(활자본), 34.6×22.2cm, 1814, 수원화성박물관.

다. 그러나 이는 본래의 모습과 차이가 많아 없애버렸고 그 이후로는 전혀 제작되지 않았다. 1781년(정조 5) 8월에 정조는 영조대의 전례를 따라 자신의 어진을 10년마다 한 번씩 제작해 규장각에 보관하게 했다. 규장각을 설치하는 근거가 되었던 송나라 천장각天章閣에서 어제와 어용御容을 함께 보관한 사례를 원용한 명령이었다. 정조의 어진은 1781년 9월 16일에 완성되어 규장각 주합루에 보관했고, 「봉심절목奉審節目」을 만들어 규장각 각신들이 어진을 정기적으로 살피도록 했다.

규장각, 정치기구가 되다

정조는 1777년에 국립 출판소였던 교서관校書館을 규장각의 외각으로 통합시키고, 여러 차례 활자를 주조해 규장각의 출판 기능을 강화했다. 정조 초기에는 임진자(1772), 정유자(1777), 임인자(1782)가 만들어졌다. 임진자와 정유자는 세종대에 만들어진 갑인자 계열의 활자였고, 임인자는 숙종대의 명필이었던 한구韓構의 필체를 바탕으로 만든 것이었다. 세 활자는 모두 정조가 신임했던 서명응과 서호수 부자에 의해 제작되었다. 정조 후기에는 생생자(1792)와 정리자(1795)가 제작되었다. 생생자는 청나라 취진판聚珍板 자전字典의 서체를 본뜬 목활자였고, 정리자는 생생자를 바탕으로 한 동활자였다. 정조와 인연이 가장 깊었던 활자는 정리자다. 정조의 화성 행차를 기록한 『원행을묘정리의궤園幸乙卯整理儀軌』나 정조의 문집인 『홍재전서』는 모두 정리자로 인쇄되었다.

『원행을묘정리의궤』, 규장각한국학연구원. 정리자로 간행되었으며, 1795년 8월에 편집이 완료되었고 1797년 3월에 인쇄되었다.

규장각에서는 정조의 어제를 편찬하는 일과 함께 다양한 출판 사업이 이뤄졌다. 오늘날 우리가 18세기를 '조선 후기의 르네상스기'라고 부르는 것도 영조, 정조와 같은 국왕을 중심으로 각종 제도와 문물을 종합적으로 정비하고 그 결과를 도서로 편찬했기 때문이다.

정조대에 규장각에서 편찬한 도서는 『군서표기群書標記』를 통해 파악할 수 있다. 이는 정조가 21세이던 1772년(영조 48)부터 사망한 해인 1800년까지 편찬한 도서의 내역을 종합적으로 보여주는 목록집이다. 이를 보면 정조가 직접 편찬한 어정서御定書만 해도 89종 2490권에 이르며, 신료에게 작업을 분담시켜 편찬하게 한 명찬서命撰書는 64종 1501권이다. 따라서 정조의 치세기 동안 편찬된 도서는 총 153종 3991권이 된다.

1781년 2월 정조는 규장각 초계문신제抄啓文臣制를 시행했다. 규장각의 기능이 국가에 필요한 인재를 양성하는 정치기구로 확대된 것이다. 초계문신제는 37세 이하의 초급 문관 가운데 재능 있는 사람을 뽑아 교육하다가 40세가 되면 졸업시키는 일종의 관리 재교육 프로그램이었다. 이전에는 관리들에게 학문을 연마할 기회를 주는 사가독서賜暇讀書 제도나 독서당讀書堂 제도가 있었다. 초계문신제는 이를 좀더 체계화한 것이다.

정조는 초계문신의 교육 과정을 규정한 「문신강제절목文臣講製節目」을 만들면서 초계문신제를 시행하는 이유를 밝혔다. 조선의 문풍文風이 부진한 이유는 인재 배양이 근본을 잃었기 때문이므로 인재를 격려할 필요가 있다는 점, 나이 어린 문신이 과거에만 몰두하다가 과거가 끝나면 책을 한 글자도 들여다보지 않는 습속을 깨뜨려야 한다는 점, 문신들이 경서 공부를 하도록 매달 과제를 주는 규정이 있지만 제대로 시행되지 않는다는 점 등이 그 이유였다.

정조는 문신 참상관參上官과 참하관參下官 가운데 정예 요원을 초계문신으로 선발해 일정 기간 경서 및 역사서의 공부와 문장 작법을 집중적으로 수련하도록 했다. 이때 초계문신에 선발된 사람이 현직에 있으면 직무를 면제해주고, 실직이 없는 사람에게는 군직軍職을 주어 학문에만 전념할 수 있도록 배려했다.

초계문신들은 규장각에서 습득한 내용을 바탕으로 매월 시험을 봤으며, 결과에 따라 상벌을 받았다. 이들은 매월 각신이 주관하는 강경講經 시험을 두 차례, 제술製述 시험을 한 차례 치렀고, 정조가 직접 주관하는 친림親臨 시험을 매월 한 차례씩 봐야 했다. 친림 시험은 문제 출제에서 채점에 이르는 일체의 과정을 정조가 직접 관리했다.

규장각은 혹심한 더위나 추위가 닥치면 방학에 들어갔다. 이때 정조는 조문條問이라 불리는 시험 문제를 초계문신에게 주어 집에서 답안지를 작성하게 했다. 국왕이 직접 당대의 학문 정보를 총동원해 조문을 작성했던 까닭에 답안지를 쓰는 초계문신은 학문 연구에 몰두할 수밖에 없었다. 현재 『홍재전서』에 수록된 경사강의는 정조가 내린 조문과 초계문신의 답안 중에서 우수한 것을 골라 편집한 것이다. 경사강의의 대상은 경서에 사서四書와 삼경三經, 십삼경十三經이 있었고, 역사서에 『춘추좌씨전春秋左氏傳』과 『자치통감강목資治通鑑綱目』이 있었다. 경사강의는 1781년부터 1794년까지 실

『초계문신제명록』, 규장각한국학연구원. 규장각 초계문신들의 명단이 실려 있는데, 정약용의 이름이 보인다.

시되었으며, 특히 1780년대에 강의가 집중되었다.

정조는 학문적 기반을 주자학에 두었지만 청에서 유입되는 고증학의 성과를 널리 흡수했다. 그리하여 조문이나 책문策問을 통해 당대 학문의 방향에 대한 질문을 던졌기에 초계문신은 혼신의 힘을 다해 답해야 했다. 정조는 초계문신을 학문적 동료로 여기며 도서 편찬의 범례나 내용을 의논했고, 패관소품稗官小品체 문장을 순정한 고문古文으로 복구시키는 방안을 묻기도 했다. 1795년에 편찬된『정시문정正始文程』은 모범이 될 만한 문장을 수록한 책으로, 정조가 초계문신과 성균관 유생의 답안지 가운데 우수한 글을 선별한 것이다.

초계문신은 정조대에만 열한 차례에 걸쳐 142명이 선발되었다. 정조대 이후에는 헌종대에 두 차례 뽑혔다.『초계문신제명록抄啓文臣題名錄』은 규장각에 소속된 초계문신의 명단을 정리한 것이다. 이를 보면 정약용은 1789년에 초계문신에 뽑혔고 그의 형인 정약전은 1790년에 선발되었다. 또 19세기의 세도정치를 열었던 김조순은 1786년에 초계문신에 선발되었다.

초계문신은 정조가 가장 집중적으로 육성한 인재로 당대의 학문과 문체, 현실 정치에 나타나는 문제점을 연구하고 대책까지 마련했던 국왕의 최측근들이었다. 초계문신을 거친 관리들은 정조가 이끌던 개혁 정치의 실무자로 활동했다. 이들은 규장각에서의 재교육을 통해 학문과 실무적 능력을 겸비하도록 훈련받았기 때문이다.

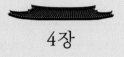

4장

봉상시,
예의 나라에서 국가 제사를 총괄하다

이현진 서울시립대 서울학연구소 연구교수

봉상시, 그 기원과 직제 변화의 역사

조선시대 수도 한양에는 여러 관서
가 있었다. 의정부, 육조, 비변사, 의
금부, 훈련도감 등 누구에게나 익숙
한 것도 있지만 봉상시처럼 아주 생소한 것도 있었다. 각 관서는 맡
은 업무의 중요도에 따라 여러 층위로 구분되어 있었고, 이런 내
용은『경국대전』에 규정되어 있다. 이에 따르면 서울에 있는 관서
는 정1품에서 종6품까지 총 76개가 있는데 봉상시는 그중 정3품
아문으로 스물세 번째에 위치했다.

봉상시는 주로 국가에서 행하는 제사와 시호諡號의 의정에 관한
일을 관장했던 관서다. 봉상奉常은 주나라 태상太常의 이칭이다. 진
秦나라 때 '봉상'으로 고쳤다가 한나라 때 다시 '태상시太常寺'라고 일
컬었다. 이때 '태'는 존대尊大한다는 뜻이고, '시'는 업무를 분담하여
오로지 다스린다는 뜻이다.

봉상시의 기원은 신라시대의 전사서典祀署까지 거슬러 올라간다.
전사서는 예부禮部에 소속되었으며, 구체적인 업무가 문헌에 나와
있진 않지만 '전사'라는 단어를 통해 나라의 제사를 관장한 부서임
을 알 수 있다.

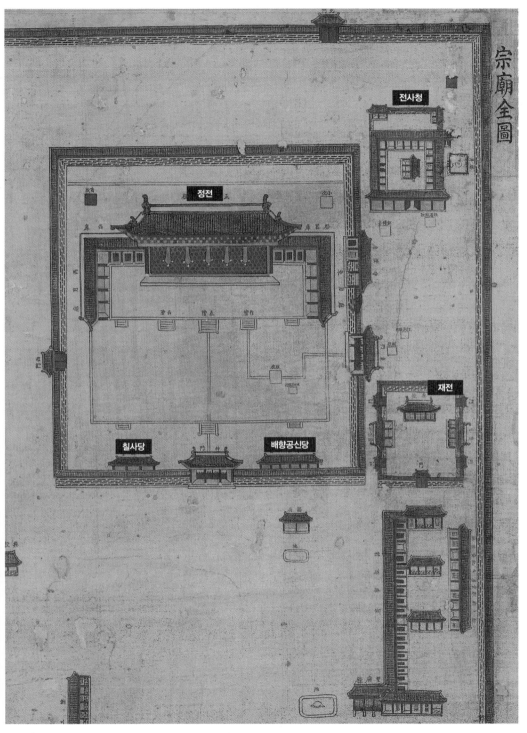

宗廟全圖

전사청

정전

재전

칠사당　배향공신당

「종묘친제규도설병풍」 중 제1폭 '종묘전도', 비단에 채색, 병풍 전체 141.0×423.4cm, 1866~1868년으로 추정.
국립고궁박물관. 봉상시는 종묘의 제사 등 국가 주도 제사를 담당했다.

고려시대에는 제사와 증시贈諡(죽은 대신이
나 무관에게 국왕이 시호를 내려주던 일)를 맡은
전의시典儀寺가 봉상시에 해당되는 관서였다. 목종
조에 '태상', 문종대에 '태상부太常府'를 두어 그러한 업
무를 담당했다. 1298년(충렬왕 24)에 충선왕이 태상부
를 '봉상시'로 고쳤고, 1308년(충렬왕 34)에 '전의시'
로 다시 개칭했다. 1356년(공민왕 5)에는 '태상
시'로 고쳤다가 1362년(공민왕 11)에 다시 '전
의시'로 일컬었다. 그러던 중 1369년(공민왕
18)에 '태상시'라는 명칭으로 되돌렸으며 3년 뒤
인 1372년(공민왕 21)에 11년의 관제를 회복하면서
'전의시'라 칭했다.

조선시대에 들어서도 고려의 제도를 인습했
지만 부서 명칭은 봉상시라 했다. 종묘 제향
등의 일을 관장했던 봉상시를 서부西部 여경방
餘慶坊에 설치했다가 1616년(광해 8) 이곳에 경
덕궁慶德宮을 세우면서 1618년(광해 10) 인달방仁
達坊으로 옮겼다.

1409년(태종 9) 관제를 개편하면서 봉상시라는 명칭
은 사라졌다. 전농시典農寺를 전사시典祀寺로 고치고,
봉상시를 전농시로 바꾸면서 제사에 관한 업무를
전사시에서 전담하도록 했다. 이와 더불어 전사
시를 예조에 소속시키고 새 전농시(구 봉상시)를 호
조에 소속시켰다. 구체적으로 전사시에서는 제사에 필요

제기인 변籩과 두豆, 조선시대,
국립고궁박물관.

한 곡식(자성粢盛)과 술(거창秬鬯), 제기祭器(변두籩豆)·제복祭服·악기樂器·희생犧牲·재계齋戒 등을 맡았다. 새 전농시에서는 적전籍田(국왕이 몸소 농사를 짓던 논밭)을 경작해 곡식과 술 준비를 담당하고, 농사의 권장과 둔전屯田(변경이나 군사 요지에 설치해 군량에 충당한 토지)을 겸하여 맡았다.

그러다가 1420년(세종 2) 봉상시로 환원되었다. 예조에서 전사시를 설치해 제사 관련 일을 전적으로 관장하게 했지만 실제로는 신주원神廚院(왕실의 식량과 모든 그릇을 간수하는 곳)의 직무만 행할 뿐 제복과 악기는 자신들이 담당해 사무가 번다하고 복잡했는데 봉상시를 다시 설치함으로써 예전 봉상시 본연의 업무를 담당하도록 하자고 주장했던 것이다. 이에 세종이 요구를 받아들였다.

이후 1895년(고종 32) 봉상시가 '봉상사奉常司'로 개칭되면서 그 소속 또한 예조에서 장례원掌禮院으로 바뀌었다. 장례원은 궁중 의식과 조회, 제사, 왕실 무덤, 종실 등에 관한 사무를 담당했다. 그 하위 기관인 봉상사는 제례를 관장하고 악공을 감독했다. 1907년(융희 1)에 폐지되었다.

한편 봉상시에 종사하는 사람들의 직제는 계속해서 변했다. 이때 가장 기본이 되는 법전에 규정된 내용을 살펴보는 것이 필수다. 1485년(성종 16)에 『경국대전經國大典』이 편찬된 뒤 영조대의 『속대전續大典』(1746)과 정조대의 『대전통편大典通編』(1785)을 거쳐 고종대 『대전회통大典會通』(1865)으로 법전이 정비되었다. 이에 따라 봉상시의 직제 또한 바뀌었다. 각 법전에 규정된 봉상시 직제의 변화는 [표 1]과 같다.

『경국대전』에 봉상시의 직제가 규정된 뒤 『대전회통』에 이르기

[표 1] 법전에 규정된 봉상시 직제의 변화

경국대전			속대전	대전통편	대전회통
품 계	관직명	인원수	인원수	담당자	
정1품	도제조都提調	1원			
2품 이상	제조提調	1원			
정3품	정正	1원			
종3품	부정副正	1원	감減		
종4품	첨정僉正	2원	1원 감		
종5품	판관判官	2원	1원 감	자벽구임 自辟久任	
종6품	주부主簿	2원			
종7품	직장直長	1원		승문참외 承文參外	
종8품	봉사奉事	1원		성균참외 成均參外	
정9품	부봉사副奉事	1원		성균참외	
종9품	참봉參奉	1원		교서참외 校書參外	
계		14원	11원		

까지 직책마다 품계상의 변화는 없었다. 『속대전』 단계에서 부분별로 인원 감축이 있었고, 『대전통편』 단계에서 그 직책을 담당하는 관원에 변화가 있었을 뿐이다.

한편 봉상시에는 일을 분장分掌하기 위해 임시로 따로 둔 관서가 있었는데 바로 분봉상시였다. 분봉상시의 기원은 고려시대로 거슬러 올라간다. 고려 때 제사에 쓰는 곡식의 공급을 맡은 전농시가 분봉상시의 역할을 하던 관서였다.

목종 때 사농경司農卿이 있었으나 뒤에 폐지되었다. 사농경에서 '사농'은 관서를 가리키고, 경은 사농에 소속된 관직명으로 보인다. 그 뒤 충선왕이 전농사典農司를 설치했고, 그곳의 원리員吏가 사자使

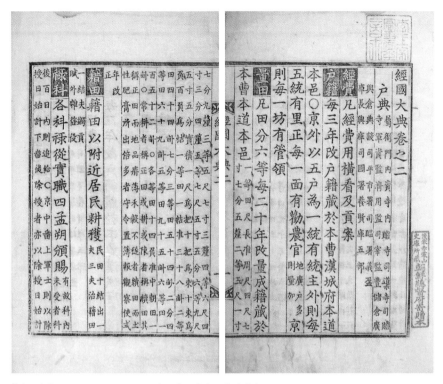

『경국대전』, 34.5×22.0cm, 1485, 한국학중앙연구원 장서각.

著로 가는 자는 모두 '무농염철사務農鹽鐵使'라고 일컬었다. 얼마 뒤 전농사를 저적창儲積倉으로 고쳤다. 공민왕 5년에 다시 사농시司農寺를 설치했고, 공민왕 11년에 전농시로 개칭했으며, 공민왕 18년에는 다시 사농시로 일컫다가 공민왕 21년에 또다시 전농시라고 불렀다.

조선에 들어와서 고려의 제도를 그대로 따라 사농시에서 그런 일을 담당했다. 1401년(태종 1) 관제를 개편하면서 사농시를 전농시로 개칭했으며, 자성의 공급을 맡았다. 1404년(태종 4) 의정부에서 '전농시는 제사를 오로지 관장하니 그 직임의 중요함은 다른 관서에 비할 바가 아닙니다'라고 보고했던 데서 전농시에서 담당하는 업무와 그 위상을 단적으로 알 수 있다.

그러다가 1409년(태종 9) 관제를 개편하면서 전농시를 전사시로 고쳐 불렀다. 관서명이 바뀌면서 업무에도 변화가 따랐다. 전사시를 예조에 소속시키고, 자성·거창·변두의 공급을 관장하면서 제복·악기·희생·재계 등의 일을 겸하여 맡았다. 뒤에 봉상시에 병합하여 '분봉상시'라고 일컫고, 동적전東籍田·서적전西籍田을 예속시켰다. 1895년 분봉상시가 분봉상사分奉常司로 개칭되었다.

'예'를 표방한 국가에서 차지한 위상

법전에 규정된 봉상시의 품계는 경관직京官職 중 정3품에 해당되었다. 물론 품계를 조선시대 내내 유지한 관서도 있지만 그렇지 않은 곳도 있었다. 봉상시는 변함없었다. 봉상시를 비롯해 '시寺'자가 붙은 곳들은 품계가 그리 높지 않았다. 그럼에도 봉상시는 정3품아문으로 지위가 타관서에 비해 높았으며, '시'자가 붙은 관서 중에서는 가장 높은 품계를 지닌 아문이었다.

이처럼 봉상시의 품계가 상대적으로 높았던 이유는 무엇일까. 나라에서 크고 중요한 일 두 가지는 바로 제사와 군사였다. 즉 봉상시는 제사를 담당했던 까닭에 타관서에 비해 높은 품계를 지니게 되었던 것이다. 예에 의한 통치를 표방한 조선에서 국가 제사의 중요성은 두말할 나위가 없었다.

조선의 국가 전례는 태종대부터 정비하기 시작해 세종대에 본격적으로 정리되었다. 이때 길례吉禮, 가례嘉禮, 빈례賓禮, 군례軍禮, 흉례凶禮 순으로 된 오례五禮 체제를 갖추고 출발했다. 여기서 보듯 국가 제사는 오례 중 수위首位인 길례로 분류했다.

그러한 중요성으로 인해 소위 『태상지太常志』라는 관서지까지 편찬하게 되었다. 그것도 영조대(1766)와 고종대(1873) 두 차례에 걸쳐 이뤄졌다. 관서지는 주로 18세기 숙종대부터 19세기 고종대까지 편찬되었는데, 각 관서를 정비하는 차원에서 시행한 사업이지만 모든 관서에서 편찬한 것은 아니었다.

세자시강원世子侍講院(시강원지侍講院志·이원조례贰院條例)을 제외하고 두 번에 걸쳐 관서지가 편찬된 것에서 봉상시의 위상을 엿볼 수 있다.

국가 제사를 주관하다

제사를 주관하던 봉상시에서 담당한 주요 업무로는 어떤 것이 있었을까? 먼저 『태상지』에 그려진 봉상시의 전체 모습을 보자. 북쪽 중앙에 시장고諡狀庫와 누상고樓上庫가 있고, 그 아래에 해우廨宇가 있다. 그 서쪽에 신실神室, 즙유고汁油庫, 신실, 장고醬庫, 증반청烝飯廳, 예주고醴酒庫, 정가재靜嘉齋가 있다. 그 동쪽에는 별도로 담장을 두르고 신실과 이안청移安廳, 수복방守僕房, 신문神門이 있다.

해우를 중심으로 그 동쪽에 고지기청庫直廳, 제기고祭器庫, 동적고東耤庫, 서적고西耤庫가 있고, 그 서쪽에는 봉상청捧上廳, 포진고鋪

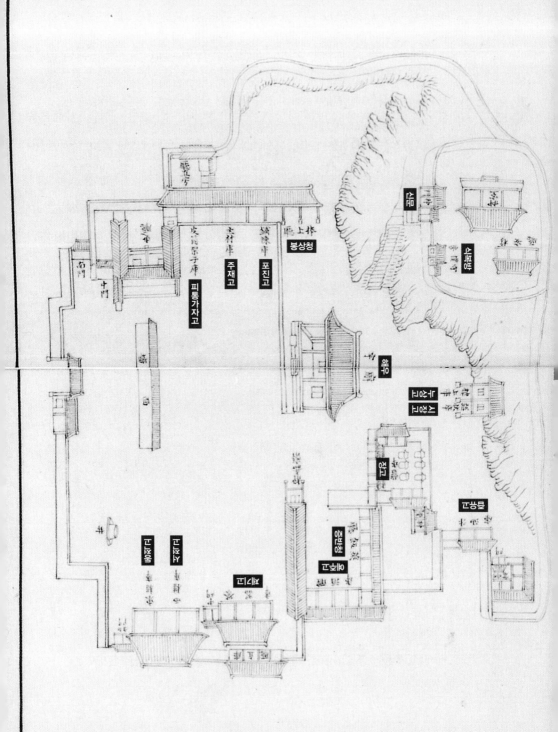

『태상지太常誌』, 규장각한국학연구원. 봉상시의 관아 모습이다.

陳庫, 주재고主材庫, 피통가자고皮筒架子庫, 고지기청, 이청吏廳 등이 있다.

이런 건물들을 통해 신주를 보관하는 신실, 신하에게 시호를 내리도록 국왕에게 아뢸 때 그의 생전의 행적을 적어 올린 시장과 젓갈·된장류의 장 및 제사 지낼 때 올린 술(예주)을 보관하는 창고, 동서적전에서 생산된 곡식, 제기, 바닥에 까는 요·돗자리 등의 깔개(포진) 등을 보관하거나 관리하는 곳임을 알 수 있다. 『경국대전』에는 제사와 시호의 의정을 관장한다고 규정되어 있는데, 그 주요 기능을 중심으로 본격적인 업무를 들여다보자. 먼저 국가 제사다.

제사 의미

『예기』 「제통祭統」 편에 따르면 제사는 생전에 미진한 효양孝養을 사후에 계속하는 것을 말한다. 또한 사람이 오늘 존재하는 것은 오직 부모와 조상 덕이므로 항상 그 근본을 생각하고 힘을 기울여 그들의 은혜에 보답하라고 했다. 이와 같은 제사의 발전은 조상과 나 그리고 자손을 연결하는 윤리적 공동의식으로 하나의 신앙을 형성했다.

제사 대상(『예기』 「제법祭法」)

• 법으로 백성에게 은택을 베푼 이法施於民
• 죽음을 무릅쓰고 일에 부지런히 힘쓴 이以死勤事
• 노고를 아끼지 않고 나라를 안정시킨 이以勞定國
• 큰 재난을 막은 이能禦大菑

「태상향의도병太常享儀圖屛」
(4폭 병풍), 비단에 먹,
각 폭 171.0×60.5cm,
1834~1837년으로 추정,
국립고궁박물관.
왕실 제례를 그림과 글로 설명한
병풍이다. 1폭은 제기·제물도설
2폭은 1~12월까지의 제사 종류
3·4폭은 왕실 제례와 관련된
규례를 적고 있는데, 봉상시의
업무 내용을 정리한 『태상지』의
내용과 일치해 봉상시에
비치되었던 것임을 알 수 있다.

향로, 황동, 높이 21.0cm, 조선시대, 국립고궁박물관.

술잔, 황동, 높이 21.2cm, 조선시대, 국립고궁박물관.

- 큰 환난을 막았던 이能捍大患
- 백성이 우러러보는 대상인 일월성신夫日月星辰 民所瞻仰也
- 백성의 생활에 필요한 재용財用을 제공해주는 산림과 천곡, 구릉山林川谷丘陵 民所取財用也

제사 대상은 신神이다. 신은 혼魂과 백魄이니, 혼은 양陽, 백은 음陰이다. 사람이 죽으면 혼은 하늘로 돌아가고 백은 땅으로 돌아간다. 그런 까닭에 시체를 체백體魄이라 한다. 그리고 혼을 모시는 곳은 사당이요, 백을 모시는 곳은 무덤이 된다. 제사를 지낼 때 향香을 사르는 행위는 천혼天魂을 모시는 것이요, 술을 땅에 따르는 행위는 지백地魄을 모시는 것이다. 천혼과 지백이 합쳐져 신이 되기 때문이다.

『국조오례의國朝五禮儀』(1474)에는 제사 지내는 대상에 따라 명칭을 달리했다. 천신天神에게 지내는 것을 '사祀', 지기地祇에게 지내는 것을 '제祭', 인귀人鬼에게 지내는 것을 '향享', 문선왕文宣王에게 지내는 것을 '석전釋奠'이라 했다.

제사 종류

제사와 관련된 모든 의례는 국가에서 그 대상과 규모를 기준으로 대사大祀·중사中祀·소사小祀로 구분했다. 이를 제시한 항목이 『국조오례서례國朝五禮序例』 '변사辨祀' 조에 정리되어 있는데, [표 2]와 같다.

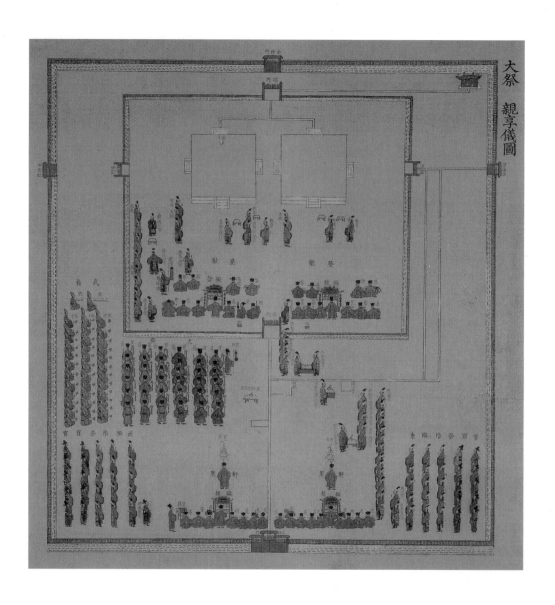

「사직단국왕친향도병」 중 제2폭 '대제친향의도大祭親享儀圖', 비단에 채색, 19세기, 국립중앙박물관.
토지의 신인 사와 곡식의 신인 직에게 제사를 올리는 장면 중 왕이 직접 제사를 주관하는 장면을 그린 것이다.

[표 2] 『국조오례서례』에 나타난 대사·중사·소사

변사의 범주	해당 제사
대 사	사직社稷·종묘宗廟·영녕전永寧殿
중 사	풍운뇌우風雲雷雨·악해독嶽海瀆·선농先農·선잠先蠶 우사雩祀·문선왕文宣王·역대시조歷代始祖
소 사	영성靈星·노인성老人星·마조馬祖·명산대천名山大川 사한司寒·선목先牧·마사馬社·마보馬步·마제禡祭·영제禜祭 포제酺祭·칠사七祀·독제纛祭·여제厲祭
기 고	사직·종묘·풍운뇌우·악해독·명산대천·우사
속 제	문소전文昭殿·진전眞殿·의묘懿廟·산릉山陵
주 현	사직·문선왕·포제·여제·영제

각각의 제사를 간단히 설명하면 다음과 같다.

· **사직** 토신土神인 사社와 곡신穀神인 직稷을 나라의 수호신으로 모시고 국가의 안녕과 백성의 풍요를 기원하며 그 공덕에 보답하는 제사다.

· **종묘와 영녕전** 역대 국왕과 왕후의 신위神位를 봉안하고 제사를 지내는 국가 사당이다.

· **풍운뇌우** 풍사는 비렴飛廉, 운사는 풍륭豊隆 혹은 운중군雲中君, 뇌사는 헌원軒轅, 우사는 평예萍翳를 지칭했다. 자연현상을 신격화해 제사 대상으로 삼았다.

· **악해독** 악嶽은 지리산, 삼각산, 송악산, 비백산을 가리킨다. 해海는 동해, 남해, 서해 등이다. 독瀆은 웅진熊津, 가야진伽倻津, 한강, 덕진德津, 평양강, 압록강, 두만강을 말한다.

· **선농** 흔히 경적지례耕籍之禮, 적전지례籍田之禮, 선농지례先農之禮 등으로 불린다. 선농제는 농업신인 신농神農과 후직后稷에게 풍년

을 기원하는 제사다. 제사를 지낸 뒤 국왕이 동교東郊의 적전에서
오퇴지례五推之禮를 행했다. 국왕이 선농단에서 제사 지낸 뒤 적전
에서 농사지어 거둔 곡식으로 제수祭需를 제공했다.

· **선잠** 처음으로 인간에게 누에 치는 법을 가르쳤던 서릉씨西陵氏를
치제하고, 제사를 지낸 뒤 왕후가 채상採桑의 모범을 보였다. 왕비
가 선잠단에서 제사 지낸 뒤 북교北郊에서 누에를 쳐서 제복祭服
을 만들어 제공했다.

· **우사** 가물 때 비를 청하는 제사다.

· **문선왕** 공자를 가리킨다.

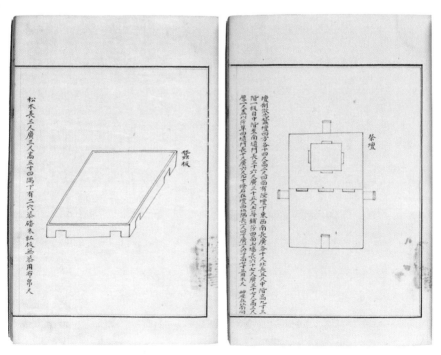

『친잠의궤』, 44.6×32.4cm, 1767, 장서각. 정순왕후가 선잠단에서 제사 지내는 선잠제와 친히 누에 치는
친잠례의 내용을 기록했다.

「수노인도壽老人圖」, 이정, 종이에 채색, 95.4×46.0cm, 조선 중기, 국립중앙박물관.
별자리 중 수성이 나타나면 제사를 거행했다.

- **역대시조** 전조선단군前朝鮮檀君, 고구려시조高句麗始祖, 후조선기자後朝鮮箕子, 신라혁거세新羅赫居世, 백제온조百濟溫祚, 고려의 태조太祖·현종顯宗·문종文宗·충경왕忠敬王 등이 해당되었다.

- **영성** 용龍의 왼쪽 뿔로 천전天田이 되는 것이니 곡식을 주관했다靈星龍左角爲天田主穀.

- **노인성** 곧 수성壽星이다. 추분 아침에 병방丙方에서 나타나 춘분 저녁에 정방丁方에서 사라졌다. 이것이 나타나면 나라가 편안해지고 군주가 수창壽昌하는 까닭에 이 제사를 시행했다.

- **마조** 말의 조상인 천사방성天駟房星을 가리킨다.

- **명산대천** 명산은 치악산, 계룡산, 죽령산, 우불산, 주흘산, 금성산, 목멱산, 오관산, 우이산, 감악산, 의관령 등이다. 대천은 양진명소, 양진, 장산곶, 아사진, 송곶, 청천강, 구진, 익수, 덕진명소, 비류수 등이다.

- **사한** 계동季冬에 얼음을 저장하거나(장빙藏氷) 춘분에 얼음을 꺼낼(개빙開氷) 때 이 제사를 지낸다.

- **선목** 처음으로 사람에게 목방牧放을 가르친 이에게 지내는 제사다始敎人牧放者也.

- **마사** 마구간 안에 있는 토신土神으로 말 타는 방법을 창시한 사람과 후토后土를 합한 것이다.

- **마보** 말을 해치는 재앙의 신에게 지내는 제사다.

- **마제** 전쟁의 신인 황제黃帝와 치우蚩尤에게 드리는 제사다.

- **영제** 기청제祈晴祭를 말한다. 장마로 인한 피해를 막기 위해 시행한 제사로, 도성의 사문四門 안에서 지냈다. 주현州縣이면 성문城門에 나아가 지냈다.

- **포제** 황충에 의한 곡식의 피해를 방지하기 위해 지내는 제사다.

- **둑제** 실제로 군대를 출동시킬 때 지내는 제사로, 참여 인원은 전부 무관으로 구성되었다.

- **여제** 제사를 받지 못하는 귀신들에게 지내는 제사다. 대개 역질로 피해가 발생했을 때 올렸다. 역질로 죽은 귀신들이 주요 대상이지만 그 밖에 아이를 낳다가 죽은 귀신, 담장이나 지붕이 무너져 깔려 죽은 귀신, 공축工築 중에 죽은 귀신, 벼락 맞아 죽거나 떨어져 죽은 귀신 등이다.

- **문소전** 첫 이름은 인소전仁昭殿이었다. 인소전은 태조의 원비元妃 신의왕후神懿王后의 화상畵像을 봉안하고 제사를 지낸 진전眞殿이었다. 그 뒤 태조가 승하하여 태조의 혼전魂殿으로 사용되면서 1408년(태종 8) 문소전으로 이름을 고쳤다. 태조와 신의왕후의 신주를 종묘에 부묘祔廟한 뒤 그들의 진용眞容을 이곳에 봉안했다. 이후 1433년(세종 15) 문소전을 새롭게 건립해 태조와 신의왕후, 태종과 원경왕후元敬王后의 위판位版을 봉안했다. 이때 구 문소전은 봉안하고 있던 어진을 선원전璿源殿으로 옮기면서 사라졌고, 새 문소전은 임진왜란으로 불타버린 뒤 중건하지 않았다.

- **진전** 국왕이나 왕후의 어진을 봉안한 곳이다.

- **의묘** 의경왕懿敬王의 신주를 봉안한 사당이다. 의경왕은 성종의 생부로 덕종德宗으로 추존되었다.

- **산릉** 국왕과 왕후의 무덤인 왕릉이다.

- **칠사** 종묘에 있는 칠사당七祀堂에 봉안된 일곱 신이다. 궁중의 낮은 신으로 삼명三命을 살피며 봄에 제사 지내는 사명지신司命之神, 출입을 주관하는 신으로 봄에 제사 지내는 사호지신司戶之神, 음

식에 관한 일을 주관하는 신으로 여름에 제사 지내는 사조지신司
竈之神, 건물 실내(당실堂室)에 거처하는 것을 주관하는 신으로
6월 토왕에 제사 지내는 중류지신中霤之神, 출입을 주관하는 신으
로 가을에 제사 지내는 국문지신國門之神, 옛날의 제후로서 후사
가 없는 사람의 영靈으로 살벌殺罰을 주관하고 가을에 제사 지내
는 공려지신公厲之神, 도로에 통행하는 것을 주관하는 신으로 겨
울에 제사 지내는 국행지신國行之神 등이다.

국가 제사는 이렇듯 다양한데 시간이 흐르면서 점차 제사가 늘
어났다. 이는 곧 봉상시에서 담당하는 일의 양이 그만큼 많아짐을
의미했다. 그중에서도 봉상시는 종묘에 봉안하는 신주의 조성, 봉
상시 관원의 제관祭官 참여, 제물祭物·제복·악기 마련, 문무文舞·
무무武舞 등을 담당했다.

시호를 정해 올리다

시호는 죽은 뒤 이름을 대신하여 부
르는 명칭이다. 천자에게는 한 글자
의 시호를 올리고, 천자가 제후왕(조
선의 국왕)에게는 두 글자의 시호를 내렸다. 그리고 조선의 신하들
이 돌아가신 국왕에게 여덟 글자의 시호를 정해 올렸다. 천자에게
한 글자의 시호를 올린 정조의 사례를 들어보자. 1897년 고종이
대한제국을 선포하자 그는 천자가 되었다. 고종은 정조를 황제로
높이면서 그를 '정조선황제正祖宣皇帝'라고 하여 '선' 한 글자의 시호
를 올렸다.

조선이 중국의 제후국이었을 때 세종을 예로 들어보자. 세종이 승하하자 중국 명나라에서 그에게 '장헌莊憲'이라는 두 글자의 시호를 내렸다. 그리고 조선에서 신하들이 '영문예무인성명효英文睿武仁聖明孝'라는 여덟 글자의 시호를 논의해서 올렸다. 봉상시는 후자의 일을 주관하는 기관이었다.

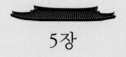

5장

주자소와 교서관,
조선의 지식 권력을 창출하다

노경희 울산대 국문학부 교수

지식 엘리트 사회 조선, 권력을 중심으로 한 서적 유통

조선시대에 책은 어디서 어떻게 만들어졌을까? 이 질문에 답하기 전에 먼저 조선 사회에서 '책'이 지니는 의미를 되새겨볼 필요가 있다. 오늘날 우리에게 책이란 주변에서 아주 쉽게 구할 수 있는, 일상적으로 접하는 물건 중 하나다. 보고 싶은 책이 있으면 가까운 서점에 가서 구입하거나 인터넷 서점에서 주문해 손쉽게 받아볼 수 있다. 심지어 먼 외국에 있는 책들도 인터넷을 통해 쉽게 살 수 있다. 혹 절판된 책이라도 중고 서점 등을 통해 얻을 수 있고, 그럼에도 손에 넣지 못한 것은 복사기나 사진 촬영, 스캔 등을 통해 복제본을 만들면 된다.

하지만 시간을 조금만 거슬러 올라가보자. 우리 선조들에게 책은 그리 쉽게 얻을 수 있는 물건이 아니었다. 인구의 대부분을 차지했던 일반 백성은 책을 원하기 전에 글을 배울 기회부터 제한돼 있어 아예 책을 필요로 하지 않았으며, 문자를 아는 계층일지라도 책을 자기 소유물로 만드는 것은 쉽지 않았다. 조선 전기부터 올라온 상소 중에는 서책이 절대적으로 부족해 유생들이 가장 기본인

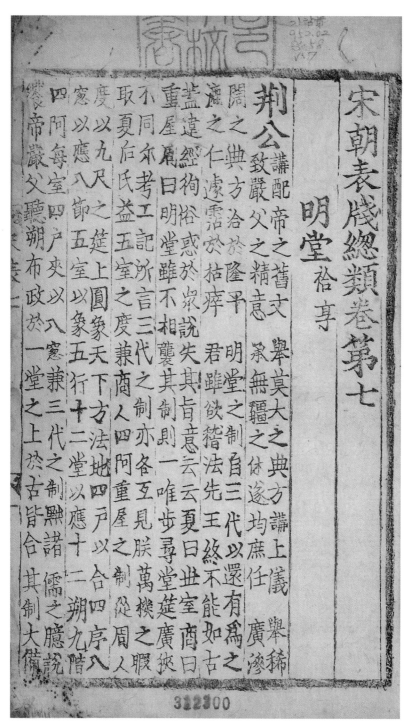

『송조표전총류宋朝表牋總類』, 29.0×19.0cm, 국보 제150호, 규장각한국학연구원.
송나라 때 황제에게 올린 각종 표문表文, 전문牋文들을 종류별로 구분해서 만든 주의류奏議類 서적이다.
1403년 계미자癸未字로 인쇄되었는데, 계미자는 조선 왕조 최초로 만들어진 금속활자다.

성리학조차 제대로 공부하지 못한다는 내용이 간간이 보인다. 또한 서점이 필요하다는 논의가 이뤄졌지만, 이것이 실제로 만들어졌다는 기록은 찾아지지 않는다. 실록을 보면 중종 연간에 서점 설치의 필요성이 몇 차례 제기되었지만 실제로 이뤄졌는지는 확실치 않고, 명종 연간에 또다시 이 문제가 제기됐지만 끝내 실행되지는 못했던 듯하다.

중앙의 출판 기관에서 인쇄된 책은 왕명을 통해 하사되었으며, 지방 감영의 출판물은 관찰사의 허가를 통해 구할 수 있었다. 그밖에 민간에서의 출판은 대부분 사찰과 서원 등 몇몇 기관을 통해 이뤄졌고, 당연히 그 책들은 간행 기관과 관계된 사람이 아니면 쉽게 얻을 수 없었다. 조선의 지식인들은 구하고 싶은 책이 있어도 실제로 손에 넣을 방법이 매우 제한되어 있었던 것이다.

서적을 출판하려면 금속활자나 목활자, 목판 제작이 전제되어야 했고, 이는 곧 막대한 비용이 들어감을 의미했다. 무엇보다 금속활자의 경우 활자 제작을 위한 구리와 철을 구하는 것 자체가 쉽지 않았기에 이는 국가 기관이나 왕실 또는 그에 상응하는 벌열

도침 태장지, 18~19세기 초반.
조선시대의 대표적인 고급 종이다.

임진자, 1.3×1.5cm, 1772, 국립중앙박물관.
세종 때 만든 갑인자는 조선시대 금속활자의 표준화된 형태였다.
이것이 마모되면 다시 주조했는데, 위는 다섯 번째로 주조된 임진자다.

가문이 아니고서는 거의 불가능했다. 거기에 활자와 목판 제작 비
용에 맞먹는 비싼 종이 값 또한 책의 출판을 가로막는 장애물 중
하나였다. 이 모든 재료를 간신히 구한다고 해도 활자를 주조하고
판목을 새기며 이를 종이에 찍어낼 장인들을 고용하는 것은 또 다
른 장벽으로 다가왔다. 조선사회에서 이들 장인은 대개가 승려나
관청에 소속된 천인 신분이었기에 사적으로 고용하기는 어려웠다.
더욱이 상업이 천시되어 발달하지 못한 터라 책은 사고팔 만한 '상
품'으로 인식되지 못했으며, 그에 따라 서점 경영은 아주 요원한 일
이었다. 결국 서적의 출판과 유통은 문화 권력을 지닌 이들의 공간

에서 주로 이뤄졌고, 그런 까닭에 재력이 있다 해도 원하는 책을 제때 구하는 것은 쉽지 않았다.

이러한 상황에서 명실상부한 조선 최고의 출판 기관을 꼽자면 국가와 왕실이 관리하고 운영했던 중앙의 출판 기관인 주자소鑄字所와 교서관校書館을 들 수 있다. 지식이 통제된 사회에서 두 기관은 이를 생산하고 보급하는 데 정점에 서 있었다. 주자소와 교서관은 금속활자를 주조하고 서책을 만드는 일을 주관해 국가 경영에 필요한 것이나 왕실이 요하는 서적들을 공급했다. 또 전국적인 보급이 필요한 성리학서나 실용서는 이곳에서 먼저 활자로 찍고 그 인본을 지방 감영에 보내 목판으로 제작한 뒤 대량 인쇄하도록 했다.

그렇다면 주자소와 교서관은 언제 어떻게 설치되고 어떤 기능과 직무를 담당했을까. 또한 시대의 흐름과 정치적 구도의 변동 속에서 이들 기관의 위상은 어떻게 바뀌었을까. 지식의 소유가 권력 소유로 직결되었던 조선에서 서적 출판을 담당한 이들 기관의 위상은 당대의 정치적 상황과 무관할 수 없었다. 이제부터 두 기관의 설립과 발전, 조직, 직무 등을 시대 상황과 겹쳐 살펴보면서 조선 지식사회의 단면을 들여다보자.

주자소, 국왕의 지식 권력 장악 기관

주자소는 태종이 1403년에 설치한 뒤 세종 연간에 큰 활약을 하다가 1460년(세조 6) 교서관에 합쳐지면서 폐지되었다. 이후 1796년(정조 20) 부활하기까지 역사에서 잠시 사라지는 운명을 겪었다. 주자소가 설립되어 자리를 잡기까지는 태종

과 세종의 역할이 컸고, 실제로 두 왕대에는 서적의 인출과 관련한
일을 교서관이 아닌 주자소에서 전담하다시피 했다. 주자소의 가
장 중요한 기능은 이름 그대로 활자, 특히 금속활자를 주조하고 그
활자로 서적을 인출하는 일이었다. 이외에도 서적의 반사 및 판매,
목판과 주자 관리, 장서와 문서 인출 등을 담당했다. 다만 성종 연
간 『경국대전』이 편찬되기 전인 1460년(세조 6)에 규장각에 합속되
었기에 『경국대전』에 독립적인 기관으로 실리지 못해 그 기능과 담
당 관리, 소속 장인 등에 관한 정확한 정보는 확인되지 않는다. 주
자소 설치에 대한 실록의 기록은 다음과 같다.

「동궐도」, 273.0×576.0cm, 국보 제249호, 1830년 이전, 고려대박물관. 표시된 곳이 주자소다.

새로 주자소를 설치하였다. 임금이 본국에 서적이 매우 적어서 유생들이 널리 보지 못하는 것을 염려해, 명하여 주자소를 설치하고 예문관 대제학 이직李稷, 총제摠制 민무질閔無疾, 지신사知申事 박석명朴錫命, 우대언右代言 이응李膺을 제조提調로 삼았다. 내부內府의 동과 철을 많이 내놓고, 또 대소 신료에게 명하여 자원해서 동철을 내어 그 용도에 이바지하게 하였다.(『태종실록』 3년 2월 13일)

즉 "본국에 서적이 매우 적어 유생들이 널리 보지 못하는 것을 염려"한 것이 설치 이유였다. 여기서 주목할 부분은 '내부(왕실)에서 동철을 많이 내고 신료들에게 스스로 동철을 내놓도록' 한 대목이다. 이런 내용은 권근의 「주자발」(『동문선』 103권)에도 나오는데, 이에 따르면 '서적 인쇄를 위한 활자 주조 비용을 백성에게서 거두는 것은 부당하니 왕이 종친, 훈신 중 뜻있는 자들과 더불어 같이 할 것이라 하며, 내탕금을 다 내주었다'고 한다. 즉 가장 적극적으로 나선 인물은 바로 태종 자신이었다.

주자소 설치에서 가장 큰 비용이 드는 부분은 금속활자 주조를

주자소 현판, 나무, 59.0×165.2cm, 1825~1905, 국립고궁박물관.

위한 구리와 철 구입이다. 조선시대에는 동과 철을 자체 생산해 제련하는 것보다 일본에서 수입하는 게 비용이 적게 들 정도로 금속 생산이 매우 저조했다고 한다. 그런 까닭에 금속이 필요하면 대부분을 일본에서 수입해 충당했다.

금속이 가장 중요하게 쓰이는 데는 병기구와 농기구를 비롯한 실용적인 도구 제작이었다. 아무리 국가의 백년대계를 위한 유생들의 공부를 명분으로 삼는다지만, 이처럼 먹고사는 일에 충당하기도 버거운 상황에서 막대한 구리가 들어가는 금속활자를 주조하기 위해 전속 기관을 설치하는 일은 쉽지 않았을 것이다. 이에 태종은 주자소 설치를 위해 왕실 재산을 내놓았고 종친이나 신료들의 자원 또한 들여서 이를 충당할 것이라 했다.

이렇듯 초기에는 왕실 자본이 대거 투입된 만큼 주자소가 국가 기관이라고는 하나 그 소유와 권리에 대한 지분은 상당 부분 국왕에게 있었다. 그런 까닭에 그 성격 또한 궁궐 내의 한 기구로 인식되었다. 이는 주자소 관원의 임명, 주자소 사업의 진행을 왕명에 따라 움직이는 승정원에서 관장한 사실에서도 짐작할 수 있으며, 세종 연간에 주자소의 관사를 경복궁 안으로 옮겨 왕명에 따라 일이 신속히 처리될 수 있도록 한 것도 이와 관련된다고 할 수 있다.(『세종실록』 17년 10월 19일)

세종대에는 주자소의 활약이 특히 두드러졌다. 실록을 보면 이 시기 서적 출판은 대부분 교서관이 아닌 주자소에서 이뤄졌으며, 편찬은 집현전 학자들이 주관했다. 이 점은 집현전 직제의 실무직인 교리·부교리·박사·저작·정자 등 대부분의 관직명이 서적 인출을 담당하는 교서관의 직명과 일치하는 점에서도 알 수 있다. 특히

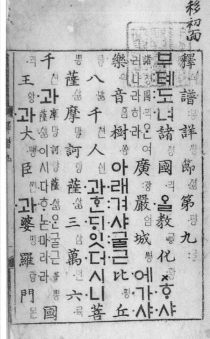

『석보상절』, 23.7×30.0cm, 보물 제523호, 1447, 국립중앙도서관. 갑인자는 세종 때 최고의 과학자와 기술자들이 참여해 만든 것으로 활자 모양이 해정하고 바르며, 인판 또한 정교하고 과학적이라 조선시대 금속활자 인쇄술의 절정을 보여준다. 조선 말기까지 여섯 번이나 개주改鑄되었다. 또한 이 활자에 이르러 처음으로 '갑인자병용한글활자'라는 한글 활자가 만들어져 함께 사용되었다.

1434년(세종 16) 기존 금속활자의 결함을 보완한 갑인자가 주조된 뒤로 중앙 기관의 서적 출판은 주로 활자 인쇄로 이뤄졌다. 또 이 시기를 전후해 주자소의 서적 편찬 사업이 활발했는데, 이는 왕명을 바탕으로 집현전 학자들의 주관하에 주자소에서 이뤄지는 형태를 띠었다. 당시 주자소는 집현전의 부속 인쇄소 구실을 했다고 해도 과언이 아니다.

실록을 참조해 1403년 주자소 설치 이후로 1460년 주자소가 교서관에 합속되기까지 주자소에서 간행한 서적을 살펴보면 [표 1]과 같다.

[표 1] 조선 전기 주자소에서 간행한 서적 목록

연도	간행 서적
1412(태종 12)	『십칠사十七史』
	『대학연의大學衍義』
1413(태종 13)	『경제육전經濟六典』
1416(태종 16)	『승선직지록乘船直持錄』 300본本
1422(세종 4)	『자치통감강목資治通鑑綱目』
1423(세종 5)	『강목속편綱目續編』
	『노걸대老乞大』『박통사朴通事』『전후한前後漢』『직해효경直解孝經』
1424(세종 6)	『송파방宋播芳』
	『대학대전大學大全』 50여 벌
1425(세종 7)	『장자莊子』
1426(세종 8)	『신속육전新續六典』『원육전元六典』 800벌 『등록謄錄』 100벌
1427(세종 9)	『당률소의唐律疏義』
	『강목통감綱目通鑑』
1428(세종 10)	『집성소학集成小學』
	『문장정종文章正宗』『초사楚辭』
1429(세종 11)	『효경』 250질
	『농사직설農事直說』
1431(세종 13)	『이문등록』
	『직지방直指方』『상한류서傷寒類書』『의방집성醫方集成』 각 50권
	『동인문東人文』『익재집益齋集』
	『휼형교지恤刑教旨』
1432(세종 14)	『삼강행실도三綱行實圖』
1433(세종 15)	『경제속육전經濟續六典』
	『진법陣法』『계축진설癸丑陣設』『진도陣圖』
	술에 대한 폐해와 훈계를 담은 내용의 교지
1434(세종 16)	『태산요록胎産要錄』

1434(세종 16)	『노걸대老乞大』『박통사朴通事』
1435(세종 17)	『속전續典』의 빠진 부분
1436(세종 18)	『이백시집李白詩集』
	『자치통감훈의資治通鑑訓義』『역대세년가歷代世年歌』
1437(세종 19)	『장감박의將鑑博義』 선집
1438(세종 20)	시법諡法 관련 서적
1440(세종 22)	『국어國語』와 『음의音義』
1444(세종 26)	병서兵書 60부 필사
1448(세종 30)	『고려사高麗史』(1482년 2월 13일 기록)
1450(문종 즉위)	주자소 임시 폐지(7월 4일)
1453(단종 1)	『아악보雅樂譜』
	『진서陣書』 초록집
1454(단종 2)	『진씨집설』『천견록사』『입학도』 『성리대전性理大全』『이학제강理學提綱』『역상도설易象圖說』 『사서장도四書章圖』 선집
1455(세조 1)	조맹부趙孟頫의 『증도가證道謌』『진초천자眞草千字』『동서명東西銘』『적벽부赤壁賦』 왕희지王羲之의 『동방삭전東方朔傳』『난정기蘭亭記』『설암두타첩雪菴頭陁帖』 등의 서본書本
1458(세조 4)	『법화경法華經』 등 여러 경經 수백 벌 『대장경大藏經』 50벌 『석보釋譜』
1459(세조 5)	『부현관잠府縣官箴』
1460(세조 6)	주자소를 교서관에 합속

물론 현전하는 책들에 붙어 있는 내사기內賜記나 인출기印出記 등을 참조할 때 이 밖에도 주자소와 그 외 기관에서 간행된 책이 다수 있었음을 확인할 수 있다. 이 목록을 통해 대략의 흐름이 읽히는데, 확실히 세종 연간에 주자소의 출판이 큰 활기를 띠었다.

이후 주자소는 1450년(문종 즉위)에 잠시 폐지되었다가 곧 회복되었으며(『문종실록』 즉위년 7월 4일), 1460년에 관사와 관원을 줄이는 과정에서 교서관에 합속되었다.(『세조실록』 6년 5월 22일) 이로써 조

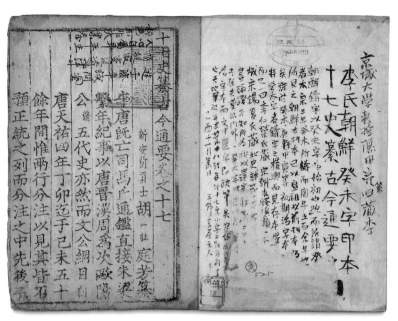

十七史纂古今通要

李氏朝鮮癸未字印本

資治通鑑卷第一百三十二

思政殿訓義

宋紀十四〔起強圉協洽盡上
章閹茂凡四年〕

太宗明皇帝中

泰始三年春正月張永等棄城夜遁會天大雪泗
水冰合永等棄船步走士卒凍死者太半手足斷
者什七八尉元邀其前薛安都乘其後大破永等
於呂梁之東

『십칠사찬고금통요』, 18.8×25.5cm, 국보 제148호, 1412, 국립중앙도서관(위).
『자치통감강목』, 갑인자甲寅字 인쇄본, 40.0×24.8cm, 1436, 서울역사박물관.
조선 전기 주자소에서 간행한 책들이다.

선 전기에 화려함을 자랑했던 주자소의 시대는 일단 막을 내린다.

정조, 주자소를 부활시켜 학술문화를 감독하다

1796년(정조 20)에 이르러 궁중 안에 인쇄소가 설치되고 이를 '주자소'라 명명하면서 주자소는 다시 교서관과 분리되어 독자적으로 운영된다.

전교하기를 "우리나라의 경적 인쇄는 국초에 고려의 옛 제도를 따라 교서관을 두어 관장하게 했는데, 고려에서는 이를 비서성이라고 하였고 궁예 때에는 금서성이라 하였으니, 처음에는 궁중에 설치했음을 알 수 있다. 태종 3년에 별도로 주자소를 궁중에 설치하고 고주본古註本 『시경』 『서경』 『좌전』을 본으로 하여 구리로 활자를 만들고 널리 전적을 인쇄하였으니, 이것이 또한 처음으로 활자를 주조한 유래다. 세종조에는 경자자·갑인자가 있었고, 문종조에는 임신자가 있었고, 세조조에는 을해자·을유자가 있었으며, 성종조에는 신묘자·계유자가 있었다. 『용비어천가』 『치평요람治平要覽』 『주자대전』 등의 책은 모두 궁중에서 인쇄한 것이라 '비부본祕府本'이라 부른다. 본국 초기의 판본들이 다 정밀하고 보기에 편리한 것은 이러한 까닭에서다.

내가 동궁으로 있던 때에 교서관에 명하여 세종조 갑인자를 본으로 하여 15만 자를 주조하게 하였으니, 바로 『경서정문經書正文』의 인본이다. 즉위하던 해인 정유년에 관서의 관찰사에게 명하여 다시 갑인자를 본으로 삼아 15만 자를 더 주조하게 하여 내각內閣(규장

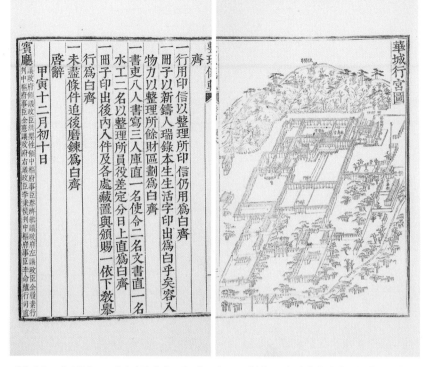

『원행을묘정리의궤』, 규장각한국학연구원. 정조가 1795년(정조 19) 어머니 혜경궁 홍씨를 모시고
아버지 사도세자의 묘소인 현륭원을 참배하고 화성 행궁에 행차하여 어머니 회갑 잔치를
치룬 과정을 기록한 책이다. 의궤 간행을 위해 새로 금속활자를 제작했는데,
그 이름을 의궤 이름을 따라 정리자整理字라고 했다.

혜경궁 홍씨의 회갑 잔치 장면을 그린 「봉수당진찬도奉壽堂進饌圖」.

각)에 보관토록 하였으니, 바로 『팔자백선八子百選』과 새로 인쇄한 『경서대전經書大全』의 인본이다. 갑인년에 직접 주자의 편지 100편을 골라 내각에 소장되어 있는 주자鑄字를 가지고 인쇄하여 배포하고자 창경궁의 옛 홍문관을 수리하여 주자를 옮겨놓으라고 명하였다. 을묘년 봄에 자전을 모시고 수연壽筵에서 돌아온 후 『정리의궤』를 편찬하려고 인역印役을 설치하여 동활자 30만 자를 주조하였는데, 이것을 정리자整理字라고 한다. 먼저 『지희갱재축志喜賡載軸』과 전후의 「갱재시賡載詩」를 인쇄하고, 또 『어정규장전운』을 내려 보내 인쇄한 후 그 판목을 보관하게 하였다. 올해는 또 정유자로 『어정사기영선御定史記英選』을 인쇄하여 배포하였다. 어정서御定書의 간인이나 활인活印이 있을 때마다 반드시 여기에서 했던 것은 국초부터 정해져 내려오던 법을 내가 계승하고자 했기 때문이다. 그러나 그 명칭에 대해서는 내가 일찍이 지어주지 않았기 때문에 각신들이 우선 '감인소監印所'라고 불러왔다." 이때에 이르러 국초에 설치하던 때의 옛날 호칭을 그대로 써서 '주자소'라고 부를 것을 명하였다.(『정조실록』 20년 12월 15일)

정조는 주자소가 별도로 설치되어 왕의 직속 기관으로 있던 시절에 인쇄된 책들을 질적으로 높이 평가하고 있다. 세종, 세조 연간의 책들은 모두 궁중에서 인쇄된 것들로 비부본이라 불리는데, 이 판본들은 궁중에서 인쇄되어 정밀하고 보기에 좋다고 했다. 여기서 정조가 이미 교서관의 부속 기관으로 정착되어 운영되던 주자소를 새롭게 교서관과 분리하여 설치한 의도를 짐작할 수 있다.

널리 알려져 있듯 정조는 학술문화 정책에 큰 관심을 보여 수많은 서적의 편찬과 간행에 적극적인 정책을 펼쳤다. 그런 만큼 활자 주조와 서적 인쇄를 담당하는 곳을 직속 기관으로 둔 것은 그의 서적 간행 정책에 있어 큰 역할을 했을 것이다. 위의 기록에서도 확인되듯이 정조는 동궁 시절부터 활자 주조에 적극 관심을 보였고 즉위한 뒤에는 내각에 소장된 활자들을 창경궁의 옛 홍문관 자리로 옮겨 그곳에서 자신이 선정한 책들을 인쇄하게 했다. 처음에는 이곳을 '감인소'라 불렀는데, 이후 국초의 법을 계승해 '주자소'라 일컬었다고 한다. 실록을 바탕으로 감인소 시절부터 주자소에서 간행된 서적들을 정리하면 [표 2]와 같다.

[표 2] 정조 연간 주자소에서 간행된 도서 목록

연도	간행 도서 목록
1794(정조 18)	창경궁의 구홍문관 자리에 감인소 설치
	『주서백선朱書百選』
1795(정조 19)	『지희갱재축志喜賡載軸』 「전후갱재시前後賡載詩」 『어정규장전운御定奎章全韻』
1796(정조 20)	『어정사기영선御定史記英選』
	감인소를 '주자소'라 명명(12월 15일)
1797(정조 21)	『향례합편鄕禮合編』
	『오륜행실五倫行實』
	『춘추春秋』
1798(정조 22)	농서農書의 편찬과 배포
1799(정조 23)	『은배시집恩杯詩集』
	『아송雅誦』
	『제중신편濟衆新編』
	『두륙천선杜陸千選』
1800(정조 24)	주자소를 의장고로 이전

정조 자신이 말한 것처럼 주자소는 왕이 편찬에 참여한 '어정서

「도성도」에 그려진 조지서造紙署. 조선시대 종이 만드는 일을 담당한 관청이다. 1415년(태종 15) 한양의 창의문 밖 장의사동(현재의 세검정 근처)에 설치되었다.

御定書'의 간인이나 활인活印을 담당한 곳으로 왕의 직접적인 관리하에 움직였다. 이런 성격은 1800년 주자소를 의장고儀仗庫로 옮겨 설치하던 중 당시 검교직제학이던 이만수가 "주자소는 곧 어정책자御定冊子를 찍어내는 곳으로 당초 설치할 때의 규모는 태종조의 고사를 따랐으니, 가볍지 않은 체모와 소홀히 하기 어려운 사정은 운각芸閣(교서관)보다 한층 더 중하다 할 수 있다"(『정조실록』 24년 윤4월 13일)고 언급한 데서도 잘 드러난다.

　　여기서 주자소와 국왕 사이의 긴밀한 관계를 엿볼 수 있으며, 이는 처음 태종이 주자소를 설치할 때 왕실의 내탕금을 사용했고, 조선 초기 서적 출판에 왕실이 깊이 관여했던 점과 연결된다. 이렇듯 주자소가 여타 국가 기관과 달리 왕실과 긴밀한 관계를 유지했던 모습은 전통사회에서 서책과 인쇄가 지니는 의미를 생각할 때 당연한 일이기도 하다. 즉 지식 권력을 소유하려는 갈망이 있는 권력자라면 틀림없이 주자소 운영에 큰 매력을 느낄 터인데, 조선에서 그런 역할을 할 수 있었던 곳은 왕실, 곧 국왕이었던 것이다. 주자소가 교서관과 분리되어 활발히 운영되었던 시절이 학술문화적으로 가장 융성한 시기로 평가받는 세종과 정조대라는 점은 주자소의 성격을 볼 때 당연한 결과였다.

주자소는 태종조부터 시작하였으며, 영릉(세종)의 전성기에는 집현전의 여러 신하가 명을 받들어 책을 편찬하면 모두 주자소에서 인쇄하고 반포하였으니, 지금의 내각에 주자소가 있는 것과 부신符信을 맞춘 것처럼 같다. 1794년(갑인) 겨울에 『주서백선』을 찍기 위해 옛 홍문관에 나아가 인쇄를 시작하였으며, 내각과 외각(교서관)의 주자를 이곳에 보관해두고 처음에는 '감인소'라 명명하였다. 이제 고사를 인용하여 '주자소'라고 이름을 고쳤는데, 전후로 인쇄한 책들은 모두 여기서 한 것이다. 누군가 말하기를 '규성奎星(문장을 맡은 별)이 이곳에 비쳤다'고 하니, 땅의 문명文明 또한 기다리는 바가 있던 모양이다.(정조, 『홍재전서』 164권, 「일득록」 '문학文學' 四)

정조는 조선 초, 특히 세종 연간에 집현진 신하들이 임금의 명을 받들어 책을 편찬하고 이를 주자소에서 인쇄·반포하는 구조가 당대의 규장각과 주자소의 관계와 같다고 말하고 있다. 여기서 정조가 세종 연간의 국왕이 직접 학술문화를 감독하는 체제를 본받아 규장각을 설치하고 주자소를 교서관과 분리해 서적 출판까지 관장하는 정책을 폈음을 짐작할 수 있다.

교서관, 국가의 제사·서적·인장을 관장하다

교서관은 조선의 개국과 함께 1392년(태조 1) 여타 관제가 정해질 때 함께 설치되었다. 처음에는 '교서감校書監'이라 불렸으며, 문적文籍·도서圖書와 제초祭醮의 축소祝疏 등의 일을 관장했다.(『태조실록』 1년 7월 28일) 후에 『경국대전』에서는 '서적의 인쇄 및 반포나 제사에 쓸 향 및 축문, 인장에 새길 전자篆字 등의 직무를 담당한다'고 밝혀놓았다. 교서관은 이외에도 목판·장서·주자의 관리, 도서의 반사 및 판매, 과거시험의 성명 기록 및 시험 감독관, 교육 담당, 유생 규찰, 활자의 주조 등을 담당했다.

1401년(태종 1) 관제를 개편하면서 교서감을 '교서관'으로 고쳐 불렀으며 정3품아문에 해당됐는데, 1466년(세조 12) '전교서典校署'로 이름을 고치고 종5품아문으로 위상 또한 강등되었다. 1484년(성종 15)에 '교서관'으로 환원되면서 다시 정3품아문에 속했는데 이에 대해서는 뒤에서 살펴본다. 1777년(정조 1)에는 규장각에 편입되었으며 당시 규장각을 내각이라 하고 그 부속 관사가 된 교서관을 외각外閣이라 했다. 이때 규장각이 종2품아문에 속했기에 교서관 또한 종2품아문으로 승격된다. 이런 까닭에 고종 연간에 편찬된 『대전회통』에는 교서관이 '종2품아문' 항목에 수록되었다.

교서관의 관원 및 서리, 장인의 구성에 대해서는 『경국대전』에 그 기본적인 사항이 수록되어 있다.

전典	이吏			공工
조條	경관직京官職	토관직	잡직	경공장京工匠
직함 및 인원	정삼품아문 正三品衙門 정3품 판교判校 1명 종5품 교리校理 1명 별좌別坐 정6품 별제別提 종6품 별제 정7품 박사 2명 정8품 저작著作 2명 정9품 정자正字 2명 종9품 부정자 2명	서리 16인	교서관 수장제원 守藏諸員 44명 장책제원 粧冊諸員 20명	야장冶匠 6명 균자장均字匠 40명 인출장印出匠 20명 각자장刻字匠 14명 주장鑄匠 8명 조각장雕刻匠 8명 목장木匠 2명 지장紙匠 4명
				종8품 사준司准 1명 종9품 사감司勘 1명	
			교서관 사섬시 조지서	종8품 공조工造 4명 종9품 공작工作 2명	

실질적인 서적 출판 임무를 담당하는 잡직과 장인들의 역할에 대해서는 별도로 설명해놓지 않아 자세히 알 순 없지만, 성현의 『용재총화』를 통해 그 역할의 일단을 짐작해볼 수 있다.

나무에 (글자를) 새기는 사람을 각자장刻字匠이라 하고 주조하는 사람을 주장鑄匠이라 한다. 여러 글자를 구분하여 궤에 저장하였는데, 그 글자를 지키는 사람을 수장守藏이라 하며 나이 어린 공노公奴가 이 일을 했다. 그 서초書草를 부르는 사람을 창준唱準이라 했는데 모두 글을 아는 사람들이 이 일을 했다. 수장이 글자를 서초 위에 늘어놓고 판에 옮기는 것을 상판上板이라 하고, 대나무 조각으로 빈 곳을 메워 단단하게 하여 움직이지 않게 하는 사람을 균자장均字匠이라 했으며, 이를 받아서 찍어내는 사람을 인출장印出匠이라 했다. 감인관監印官은 교서관 관원이 맡았으며, 감교관監校官은 따로 문신이 하도록 명하였다. 처음에는 글자를 나열하는 법을 몰라 밀랍을 판에 녹여서 글자를 붙였다. 이런 까닭으로 경자자는 끝이 모두 송곳 같았다. 그 뒤에 처음으로 대나무를 사용하여 빈 곳을 메우는 기술을 써서 밀랍을 녹이는 비용을 없앴다. 비로소 사람의 재주 부리는 것이 무궁함을 알았다.(『용재총화』 권7)

이 기록을 보면 책과 활자를 만드는 일이 분업화되어 상당히 전문적으로 이뤄졌음을 알 수 있다. 그런데 실질적으로 서적의 인쇄·반포와 관련된 일은 1460년 주자소가 교서관에 합속되기 전까지는 주자소에서 거의 전담했으며, 교서관은 주로 책과 책판의 보관, 서적 편찬에서의 교정, 편차, 장황 등을 담당했다. 이외에 조선 초기 교서관의 주요 임무에는 제사에 쓸 향과 축문을 관리하고 도

목활자.

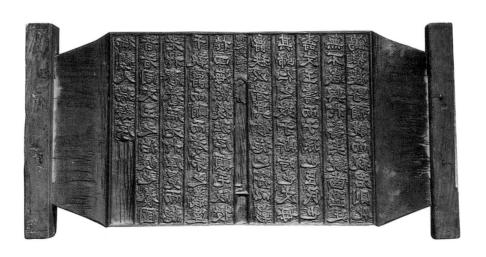

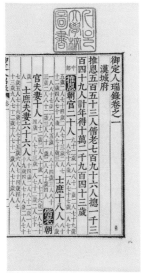

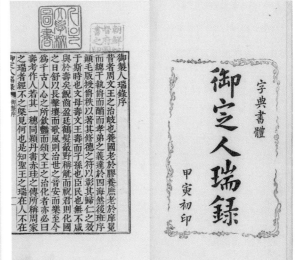

『어정인서록』과 목판, 규장각한국학연구원.
생생자生生字는 1792년(정조 16) 청나라의 『사고전서四庫全書』에 들어 있는 취진판 『강희자전康熙字典』의
글자를 본으로 삼고 황양목을 사용해 만든 목활자다. 이 활자는 어제御製를 인출하기 위해
만든 것이기에 새김이 매우 정교하며 모양이 정연하다.
훗날 이 활자를 바탕으로 『원행을묘정리의궤』를 찍은 금속활자 정리자整理字를 만들었다.

장에 새기는 글자인 전서篆書를 정하고 쓰는 일도 있었다.

본서의 직책으로 맡고 있는 것은 향축香祝·서적·전문篆文인데, 역대
에 모두 그 임무를 중하게 여겼습니다. (…) 신이 듣건대 나라의 큰
일은 제사와 군사軍事에 있다고 하니, 반드시 제사를 큰일로 삼는 것
은 종묘를 받들고 하늘과 땅의 신들에 제사한 뒤에야 국가의 일을
할 수 있는 것이 아니겠습니까? 이런 까닭에 비록 희생이 갖추어졌
고 자성粢盛(제사에 올리는 정결한 곡식)이 깨끗할지라도 향축이 갖
춰지지 아니하면 신명과 교감할 수 없습니다. 전교관은 향축을 받
들고 어압御押(왕의 서명)을 받들어서 무릇 국가의 크고 작은 제사
에 모두 질서 있게 제사하여, 우리 전하로 하여금 그 인효성경仁孝誠
敬의 지극함을 다하게 하니, 그 직임이 진실로 가볍지 아니합니다.
본조는 조종조 이래로 유교를 숭상하고 도리를 중하게 여겨서, 서
적을 나라의 중한 보배로 삼아 천하의 책을 모아 융문루隆文樓와
융무루隆武樓에 수장하고 고열에 대비하였습니다. 이 문루와 무루
를 관장하는 곳이 곧 본서입니다. 또 책을 인쇄할 때에는 전교관이
한쪽에는 정본을 가지며 다른 한쪽에는 인쇄된 책을 가지고서 글
자마다 교정하고 줄마다 검사하여, 글이 빠진 것은 보충하고 글자
가 잘못된 것은 바로잡으며 편차하고 장황합니다. 그리하여 성상께
서 독서하시는 데에 대비하여 우리 전하로 하여금 제왕의 마음가
짐과 다스리는 요지를 연구하고 전대의 치란흥망의 원인을 살피게
하니, 그 직임이 진실로 가볍지 아니합니다.
국가에서 조정 관부의 부서 가운데 모두 인신印信(관인)을 찍어서
간사하고 거짓됨을 방지하는데, 인전印篆(도장에 새기는 전자)을 쓰

향합, 황동, 지름 11.4cm, 높이 8.3cm, 조선시대, 국립고궁박물관.

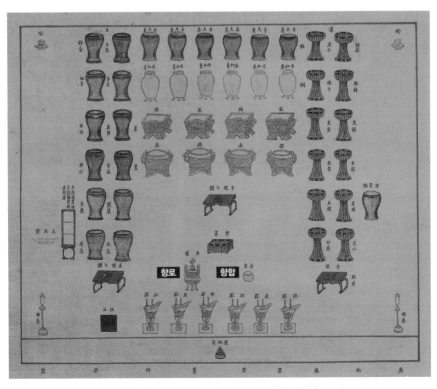

「종묘친제규도설병풍」중 제6폭 '오향친제설찬도'.
향로는 향을 태운 연기로 천상의 혼을 내려 모시는 의식에 사용하는 제기다.
종묘대제의 신관례神祼禮(향과 술로 혼백을 모셔오고 예물과 폐백을 바침) 때 초헌관은
향로에 향을 세 번 나누어 사른다. 향을 담아두는 향합은 향로의 동쪽에 진설한다.

선사지기 인장宣賜之記 印章, 8.0×8.0×8.0cm, 성암고서박물관. 교서관 관리들은 국가의 인장을 새기는 데 글씨를 쓰는 것이 주업무이기도 했다. '선사지기'는 왕이 하사하는 서책에 찍는 인장이다.

고 인신을 상고하는 일은 오로지 본서에 위임하였으니, 또한 가볍
고 천한 일이 아닙니다.(『성종실록』 14년 12월 23일)

교서관은 서적 관련 업무만큼이나 국가 제사와 조정의 인장 관
련 업무를 비중 있게 맡았음을 알 수 있다. 실록을 보면 국가 제사
의 축문을 작성하거나 축판을 올리는 절차를 논의하는 등 제사에
대한 기록에서 교서관이 종종 언급된다.

또한 문관 출신 관리들의 중요한 임무 중 하나는 인장의 전서를
쓰고 상고하는 일로 실록에서도 이와 관련된 언급이 자주 나온다.
세종 연간에는 교서관 관리들 중 전서에 익숙한 이가 없다며 전서

를 잘 쓰는 인물을 교서관에 임명해줄 것과 교서관 관리들에게 정기적으로 전서를 교육시키고 시험을 통해 실력을 점검함으로써 잘 쓰는 이들에게 그에 상응하는 대우를 해줄 것을 요청하는 상소가 여러 차례 올라오기도 했다.

이에 따르면 대전大篆은 비와 갈碣에 쓰고, 소전은 도서 위에 쓰며, 방전은 인장에 쓰는 것으로, 전통시대에 전서는 국가 의례의 측면에서 여러 방면으로 중요하게 쓰였는데 이를 관리한 기관이 바로 교서관이었다. 그러나 교서관 참외관들은 4년의 임기를 마치면 떠나기 때문에 제대로 전서를 배워 익히는 이들이 없어, 서울과 지방 관청 인신印信들의 대소와 방광方廣이 체제에 맞지 않으며 자획이 깎이고 이즈러져 전문篆文을 이루지 못함에 따라 인적印跡을 상고하고 증험하기 어려워 인신을 보이는 뜻에 어긋나게 되었다.(『세종실록』 21년 7월 16일) 이에 정기적으로 시험을 치러 꾸준히 높은 성적을 얻은 이들에게는 외직에 보임할 자라도 그대로 경관京官의 청요직에 제수하고 본관의 직임을 겸임하게 하는 특혜를 베풀 것을 요청했던 것이다.(『세종실록』 22년 1월 10일) 이상에서 교서관이 서적과 관계된 일뿐만 아니라 국가 제사 및 의례에서도 적잖은 역할을 했음을 알 수 있다.

교서관, 출판문화의 꽃을 피우다

이제 앞서 잠시 언급했던 교서관의 위상 변화와 이에 따른 관리들의 반발을 살펴보자. 태조 원년에 교서감이라는 이름으로 설립된 교서관은 예문관, 성균관과 함께 삼관三

館의 하나였으며, 정3품 관리가 기관장을 역임하는 정3품아문에 속했다. 1461년(세조 7)에는 당시 대학자로 명망이 높고 대제학(정2품)을 역임하고 있던 양성지梁誠之를 교서관 제조로 임명하면서 2품관의 아문이 되기도 했다. 그러나 1466년(세조 12) 관원과 관서를 줄이는 과정에서 축소 대상이 되어 '전교서典校署'로 이름이 바뀌고 관館에서 서署로 강등되었으며 위상 역시 5품아문으로 크게 위축되었다. 이에 대해 성종 연간에 교서관 관원들로부터 불만이 제기되었다.

전교서 박사 고언겸 등이 상소하기를 "이름名이란 실상實의 객이고 실상이란 이름의 주인입니다. 그 이름을 따르면 그 실상을 책責할 것이고, 그 실상에 의거하면 그 이름을 징험할 수 있는 것입니다. 이런 까닭에 선왕이 관을 설치하고 직을 나누는 데에 위로는 공경으로부터 아래로는 서사庶司에 이르기까지 반드시 그 직책의 경중을 참작하여 아문의 높고 낮음을 정하였으니, 연후에야 그 이름과 실상이 서로 부합하였습니다. 본서에서 직책으로 맡고 있는 것은 향축과 서적, 전문으로 대대로 모두 그 임무를 중하게 여겼습니다. (…) 우리 태조조에 이르러서 '교서감'으로 칭호를 바꾸고 아문의 품계는 정3품으로 하였습니다. 태종께서 교서관으로 고쳤는데, 아문은 태조조의 관제대로 하여 예문관·성균관과 함께 부르고 문신으로 하여금 관장하여 그 직책에 이바지하게 했으니, 그 이름과 실상이 진실로 참람하지 아니하였습니다. 세조대왕 때에 이르러 제도를 일신하여 삼관의 법을 혁파하고 '관館'을 바꿔서 '서署'로 했기 때문에 아래로 활인서·액정서 부류와 더불어 관의 칭호가 서로 같아

졌으므로 그 이름과 실상이 비로소 서로 어긋났습니다" 하였
다.(『성종실록』 14년 12월 23일)

조선시대에 각 관청은 그 직책의 경중을 따져 위치를 정하면 이
에 따라 그 이름 또한 정해졌다고 한다. 교서관은 향축·서적·전문
의 직임을 맡았기에 예문관·성균관과 함께 '삼관'이라 불리며 정
3품아문에 해당되는 위상을 얻었다. 그러나 세조 연간에 '전교서'
로 이름이 바뀌면서 종5품아문에 속하게 되고, 이에 따라 종6품
에 해당되는 활인서 및 잡직에 해당되는 액정서와 같은 위계에 놓
이면서 관리들의 불만을 살 수밖에 없었다. 참고로 『경국대전』「이
전」 경관직의 정3품아문과 종5품아문에 해당되는 기관을 정리하
면 [표 3]과 같다.

〔표 3〕『경국대전』에 제시된 경관직의 정3품아문과 종5품아문의 기관

정3품아문	승정원承政院, 장례원掌隸院, 사간원司諫院, 경연經筵, 홍문관弘文館, 예문관藝文館, 성균관成均館, 상서원尙瑞院, 춘추관春秋館, 승문원承文院, 통례원通禮院, 봉상시奉常寺, 종부시宗簿寺, 교서관校書館, 사옹원司饔院, 내의원內醫院, 상의원尙衣院, 사복시司僕寺, 군기시軍器寺, 내자시內資寺, 내섬시內贍寺, 사도시司䆃寺, 예빈시禮賓寺, 사섬시司贍寺, 군자감軍資監, 제용감濟用監, 선공감繕工監, 사재감司宰監, 장악원掌樂院, 관상감觀象監, 전의감典醫監, 사역원司譯院
종5품아문	소격서昭格署, 종묘서宗廟署, 사직서社稷署, 평시서平市署, 사온서司醞署, 의영고義盈庫, 장흥고長興庫, 빙고氷庫

관청의 품계가 결정되는 데에는 명칭보다 맡은 역할이 더 중요
했다.

신 등이 또 생각건대, 봉상시가 3품의 아문이 되어 그 지위가 6시

寺·7감監의 위에 있는 것은 다름이 아니라 오로지 맡은 바가 제사이기 때문입니다. 본서 또한 향축을 맡았고 향축은 곧 제사의 근본이니, 본서가 어찌 봉상시 밑에 있겠습니까? 신 등이 삼가 보건대, 세조대왕께서 『대전大典』을 반포해 내리실 때에 사도시는 본래 5품 아문이지만 3품으로 올렸고, 풍저창豐儲倉과 광흥창廣興倉은 종5품 아문인데 정4품으로 올렸습니다. 그 맡은 바가 전곡을 출납하는 일에 불과한데도 오히려 그 위호를 올려 받았습니다. 그러므로 우리나라 관제에서 마땅히 올릴 것을 올리는데 또한 무슨 의심이 있겠습니까. 하물며 본서의 직임은 풍저창 등의 사司에 비해 만 배의 차이가 있지 않습니까.(『성종실록』 14년 12월 23일)

위의 상소에 따르면 맡은 직책에 따라 우열을 가리고 관청의 품계를 정했음을 알 수 있다. 교서관이 담당하는 직책은 향축·서적·전문으로 이중 향축은 제사의 근본이기에 풍저창과는 비교도 안 되며 봉상시보다 부족함이 없는데도 그 아래에 처한다는 게 부당하다고 주장했다. 이러한 교서관의 주장은 마침내 받아들여져 성종 연간에 최종 완성된 『경국대전』에는 다시 정3품아문으로 편입되었다.

이후 교서관은 1782년(정조 6)에 규장각 제학 서명응의 건의로 규장각에 편입되면서 규장각의 품계에 따라 '종2품아문'으로 격상되었다. 이에 따라 고종 연간(1865)에 편찬된 『대전회통』에는 종2품아문에 수록되었다. 교서관이 규장각에 편입된 것은 규장각 도서의 원활한 인쇄를 위한 것으로, 이후 교서관의 중요 직책은 내각의 각신이 겸직하도록 하면서 교서관의 인쇄사업은 규장각 관할로

규장각. 1782년 교서관은 규장각에 편입되었다.

이속되었다. 그리고 앞서 살핀 대로 정조는 주자소를 복원시켜 활자 인쇄사업에 박차를 가하는데, 이때 필요한 인원은 규장각에서 배정받았다. 또한 이 모든 일의 운영은 왕명에 준해서 진행되었다.

이로써 정조 연간에는 규장각과 교서관, 그리고 주자소로 연계되며 조선 후기 서적 출판문화의 꽃이 활짝 피어났다. 이는 조선 초기 세종대에 왕의 적극적인 지원 아래 집현전과 주자소, 교서관으로 연계되어 발전한 출판문화의 모습을 떠올리게 한다. 이렇게 조선 전후기의 문화적 전성기에 이들 서적 기관이 중추적 역할을 하고 있다는 점에서, 지식 권력을 창출하기 위해서는 이들 기관을 장악하는 일이 전제되고 있음을 살필 수 있다.

[표 4] 조선왕조실록에 따른 주자소와 교서관 연혁

연도	주자소	교서관
1392(태조1)		교서감을 설치하여 문적文籍의 인출과 함께 제초祭醮, 축소祝疏 등을 담당케 함(정3품아문)
1401(태종 1)		교서감을 '교서관'으로 고침
1403(태종 3)	주자소를 설치하고 승정원 직속 기관으로 운영	
1435(세종 17)	주자소의 관사를 경복궁 안으로 이관	
1450(문종 즉위)	임시로 주자소 폐지	
	정음청에 보관하던 주자를 주자소에 돌려줌	
1460(세조 6)	관원과 관사를 줄이는 과정에서 주자소를 교서관에 합속시킴	
1466(세조 12)		교서관을 '전교서'로 바꿈 (정5품아문)
1483(성종 14)		전교서를 다시 '교서관'으로 바꾸고 관제를 조정(정3품아문)
1777(정조 1)		교서관을 규장외각奎章外閣으로 삼음(종2품아문)
1778(정조 2)		규장각·제학·직제학·직각이 교서관의 관원을 겸임
1796(정조 20)	창경궁의 구홍문관 자리에 설치되어 감인소라 불리던 각종 서적 인쇄처의 명칭을 국초와 같이 주자소로 부를 것을 명함	
1800(정조 24)	주자소를 의영고로 옮겨 설치	
1857(철종 8)	삼경에 불이 나서 주자소 건물도 전소됨	

6장

내의원·활인서·혜민서,
백성을 살리는 덕德을 펼치다

김호 경인교대 사회교육과 교수

조선시대의 국가 의료 기관은 중앙에 내의원內醫院, 전의감典醫監, 혜민서惠民署, 활인서活人署의 네 곳이 있었고 지방에는 약재 진상을 위해 파견되었던 심약審藥과 부·목·군·현 또는 진津 등에 소속된 의학 생도生徒들이 있었다. 왕실 의료를 담당했던 내의원을 제외하고 삼의사三醫司로 대표되는 조선의 의료 기관들이 했던 업무를 간단히 말하자면, 전의감은 양반 이상 신분의 구료활동을 담당했으며, 혜민서는 도성 내 거주민들의 구료를 맡아보았다. 도성 밖으로 눈을 돌리면 활인서라는 구료 기관이 동서로 위치해 있었다.

내의원, 최고 실력의 의원들로 구성하다

조선시대 의원들 가운데 가장 실력 있고 그런 까닭에 모든 의사의 소망이 되었던 내의원 의원들은 어떤 곳에서 근무했을까? 조선 전기부터 여러 차례 제도상의 변화를 겪기는 했지만 대개 18세기를 지나면서 내의원 제도는 정식화되었다. 관사는 두 곳에 있었는데 첫째가 현재 창덕궁 홍문관 동쪽으로, 말하자면 본청이었다. 경희궁에도 또 한 군데 내의원이 설치되어

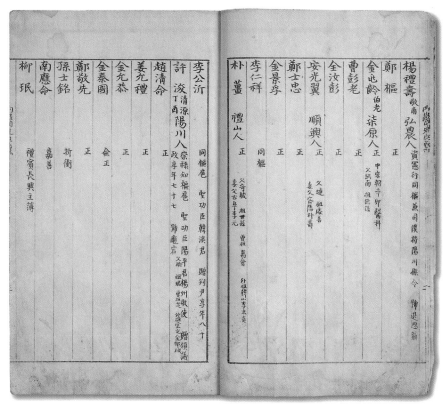

『내의선생안』, 내의원 편, 27.0×19.0cm, 1790년경, 허준박물관. 조선시대 내의원에서 근무하며 어약御藥을 관장했던 의원들의 인적 사항을 기록한 명부로 권찬權攢에서 현우서玄禹瑞까지 총 361명의 인물이 수록되어 있다.

있었다. 이 가운데 창덕궁의 내의원 관사를 방문해보면, 먼저 눈앞에 들어오는 제일 커다란 관청 건물이 대청大廳으로 중심 건물이다. 여기에 사관방史官房이 딸려 있다. 왜 병원에 역사를 기록하는 사관이 머무는 방이 필요할까 싶지만, 사관들은 임금님이 행차하는 곳이라면 어디든 동행해 일거수일투족을 기록해야 하므로 내의원에도 이들이 머물 장소가 필요했다. 다음으로 침구 의사들이 근

「동궐도」, 273.0×576.0cm, 국보 제249호, 1830년 이전, 고려대박물관. '약방'이라 표시된 곳과 테두리
친 부분에 솥이 두 개 걸려 있고 그 맞은편 집에 약재를 가는 약연藥碾이 두 개 있는 것으로 미루어 '내의
원' 일대로 여겨진다.

침통. 조선시대, 허준박물관.

무하는 침의청鍼醫廳 건물이 보인다. 그 옆으로 의약동참청醫藥同參廳이 있다. 의약동참들이 머무는 곳인데, 의과시험을 통해 정식으로 내의원에 발탁된 것은 아니지만 의술이 뛰어나다는 소문이 나 사대부 혹은 지방 명의들 가운데 내의원에 선발된 사람들이다. 이에 내의원에는 서리들이 근무하는 방, 왕실 여성들에게 침을 놓거나 맥을 보는 의녀들의 방 등이 있었다. 내의원에 중요한 또 하나의 건물이 바로 책고冊庫로 불리는 도서관인데, 필요한 의서들을 수집해 놓았다. 그리고 다양한 약재를 보관하기 위해 동쪽과 서쪽이 마주 보는 곳에 두 곳의 약재 창고를 마련했다. 이뿐인가. 한강물 한가운데의 가장 깨끗한 물, 즉 강심수江心水라는 특별한 물을 저장하기 위한 수고水庫가 따로 준비되었다. 또 약재를 썰거나 빻을 때 필요한 절구나 작두 등 각종 의료 기구를 보관해둔 작은 창고 건물들이 있었다. 각각 연말고研末庫, 도말간搗末間이라 불렸다. 마지막으로 내의원 의원들은 한밤중에도 왕궁에서 멀지 않은 곳에 숙직하면서 만일의 사태에 대비했는데, 이때 필요한 숙직방이 창덕궁 돈화문 밖에 하나 있었고 나머지는 경희궁 개양문開陽門 밖에 위치했다.

내의원에는 수십 명의 의원이 근무했다. 건국 초의 『경국대전』에 이미 내의원은 어약 조제를 담당한다고 규정된 이후 당대 최고의 실력 있는 의사들이 이곳에 근무했다. 내의원 의원이라고 해서 모두 같은 것은 아니어서 정3품의 내의정內醫正으로부터, 첨정·판관·주부·직장·봉사 등으로 이어지는 일련의 직급 체계가 있었다. 직급마다 고유 업무를 부여받았는데, 누구는 행정 업무를 전담하고 누구는 내의원에 필요한 술을 만드는 양조 작업을 담당하기도 했다. 혹은 약재를 재배하는 약전藥田만 관리하기도 했다.

『소아의방』, 최규헌, 22.0×15.0cm, 허준박물관.
고종 때 어의를 지낸 최규헌이 지은 소아과 전문 의서다.

「인조 14년 통신사 행렬도」, 김명국, 종이에 채색, 30.6×596.0cm, 1636, 국립중앙도서관.
조선통신사행에 합류한 의원들의 모습.

실질적인 내의원 의원들의 직책으로는 내의정內醫正 1명, 내의첨정內醫僉正 1명, 내의판관內醫判官 1명, 주부主簿 1명 등 네 자리와 내의직장內醫直長으로 세 자리가 있었다. 이 밖에 하위직으로 8품에 해당되는 봉사·부봉사 각 2명, 그리고 참봉이 1명이었다. 이상 내의 총 12명은 의과에 합격해 추천된 사람들로 6월과 12월에 인사 고과를 통해 승강 여부를 결정했다. 내의원 의원들은 모두 내의라 불렸지만 임금님을 직접 시측하고 진맥하는 의사들은 이 가운데서 몇 명을 따로 선발했다. 이들이 바로 어의였다. 따라서 어의는 내의 가운데 뽑힌 정예 의사라 할 수 있다. 어의는 특별히 정해둔 숫자가 없었다. 내의 중 술업이 정통한 자이거나 혹 하교가 있는 경우 혹 경연에서 품의한 뒤 초기草記를 올려 임명했다. 한편 침구를 놓는 침의鍼醫는 모두 12명이었다. 1651년에 비로소 시행되어 내의원에 침의를 따로 책정했다. 이외에 의약동참醫藥同參이 12명 있었다. 의약동참제도 역시 1673년에 처음 시행되었는데, 의약동참이라 함은 의과에 합격한 뒤 의사로서 활동하던 정통 관료 이외의 사대부 혹은 일반인들 가운데 의술이 뛰어난 이를 선발해 특별히 임명하는 것이었다. 따라서 의과에 꼭 합격하지 않았더라도 내의원에서 활동할 기회가 주어졌던 셈이다.

혜민서, 전의감, 활인서, 백성을 살리는 덕을 펼치다

한편 서울에는 일반인을 위한 의료 기관으로 혜민서와 전의감 그리고 활인서가 있었다.

먼저 혜민서는 고려시대의 '혜민국惠

民局'을 이어받은 기관이었다. 혜민국은 백성의 구료를 담당한 관아로, 상약국尙藥局이 왕실의 의약을 담당하고 태의감太醫監이 관리를 치료한 기관이었다면 이는 일반민의 의약을 맡았다. '혜민'이라는 명칭은 중국 송대 숭녕崇寧 연간에 약국을 설치하고 '화제혜민和劑惠民'이란 이름을 내걸었던 데서 유래했는데, 고려도 이를 본떠 혜민국을 둔 것으로 생각된다. 혜민국의 임무는 관의 재원을 활용해 약을 구매하고 조제하여 빈민에게 팔거나 혹은 나눠주는 것이었다. 혜민국의 위치는 정확하지 않지만 개경의 남대문 근처에 있었던 것으로 추정된다. 공양왕 시절 '혜민전약국惠民典藥局'으로 개명하기도 했다. 혜민서의 역할에 대해 정도전은 『조선경국전』에서 다음과 같이 설명했다. "나라에서는, 약재가 본토에서 생산되는 것이 아니어서 만약 질병을 얻으면 효성스럽고 인자한 자손들이 약재를 구하러 이리저리 헤매다가 약은 얻지 못하고 병이 더욱 깊어져서 마침내는 병을 치료하지 못하는 폐단이 있을 것을 생각하여, 이에 혜민전약국을 설치하고, 관에서 약가로 오승포五升布 6000필을 지급해 약물을 갖추게 했다. 그리하여 무릇 질병이 생긴 자는 몇 말의 곡식이나 몇 필의 베를 가지고 혜민전약국에 가서 필요한 약을 구할 수 있게 했다. 또 원본의 이식利息을 도모하여 10분의 1의 이자를 받아서 항구적으로 약을 비치해두어 빈민들로 하여금 질병의 고통에서 해방되게 하고 요절하는 액운을 면하게 했으니, 살리기를 좋아하는 덕이 이렇듯 컸다."

혜민시는 기본적으로 국가 재원으로 다양한 약재를 구비해두었다가 백성에게 파는 기관이었다. 일정한 이식 행위를 인정해 약재를 팔아 이익을 남길 수도 있었지만 기본적으로는 도성 내 백성에게 의료 혜택을 넓히기 위한 곳이었다. 1392년(태조 원년)에 이르러 혜민전약국은 혜민고국惠民庫局으로 이름을 바꾸었다. 당시 혜민서에는 관사官事·영令·승丞·주부注簿·녹사錄事가 있었다. 1414년(태종 14)에 영을 고쳐서 승으로 삼고 승을 고쳐서 부승副丞으로 삼았으며, 주부를 녹사로 삼고, 녹사를 부녹사로 고치는 등 관료 명칭과 숫자에 변동이 있었다. 1465년(세조 11) 혜민서로 이름을 고친 뒤 서민의 질병을 치료하는 일과 의녀의 교습을 맡아보게 했다. 제조 2원, 교수 1원은 문신이 겸하도록 하고, 그 밑에 주부 1원, 직장 1원, 봉사 1원, 참봉 4원, 교수 1원, 훈도 1원을 두었다. 혜민서의 위치는 한성 남부 태평방太平坊에 위치했던 것으로 보인다.

1637년(인조 15)에 혁파하여 전의감에 합쳤다가 곧 복구시키기도 했다. 1709년(숙종 35)에 참봉 2원을 더 두었다. 이때 동·서 활인서의 참봉을 혜민서에 이속시킨 것이다. 1763년(영조 39)에 제조 1원을 다시 두었다. 혜민서의 역할 가운데 중요한 것이 의녀 양성이었다. 의녀는 모두 70명으로, 각 읍의 여종婢 가운데 똑똑한 이들을 뽑아 올려서 가르치도록 했다.

혜민서는 전의감과 밀접한 관련이 있었다. 전의감은 1392년에 설치되었다. 주로 궁궐 내 왕실 가족과 조정 대신들을 치료하거나 사급하는 약물의 조달을 담당하도록 했다. 서울 중부 견평방堅平坊에 위치했으며, 조선시대 내내 왕실과 조관들의 치료를 담당했다.

『경국대전』에 의하면 전의감에는 제조 2인을 두고, 취재 때는 점수가 높은 사람을 뽑았다. 판관 한 사람은 구임久任으로 하고, 구임과 교수, 훈도를 제외한 관원은 체아직遞兒職으로 1년에 두 차례 도목都目(인사고과)한다. 취재시 차점자는 외임으로 차출하고, 주부

『수선전도』, 160.8×79.0cm, 1861, 서울역사박물관.

이상의 관원은 과거에 합격한 사람으로 임명했다.

　조선시대 내내 전의감과 혜민서의 역할 분담을 두고 논란이 계속되었다. 가령 반계 유형원은 전의감과 혜민서를 하나로 합치는 안을 주장하기도 했다. 그는 『반계수록』에서 "중국 관제에는 태의원 외에 다른 의약 기관이 없다. 그러나 조선에는 의약 기관이 셋이 있으니 내의원과 전의감과 혜민서가 그것이다. 내의원은 내국內局이라 칭하고 전의감과 혜민서는 외사外司라 칭하며 총괄하여 삼의사라 한다. 혜민서는 응당 전의감에 합쳐야 하고 내의원은 따로 한 기관으로 독립시켜야 한다. (…) 대체로 의술이란 본래 한가지 길이니 내외로 구별할 것 없이 따로 약국만 두 군데 설치하는 것이 옳으며 의약 기관을 가르는 것은 불가하다. 분리해서는 안 될 것을 억지로 분리시키기 때문에 그 폐단이 이러하다"고 강조하면서 전

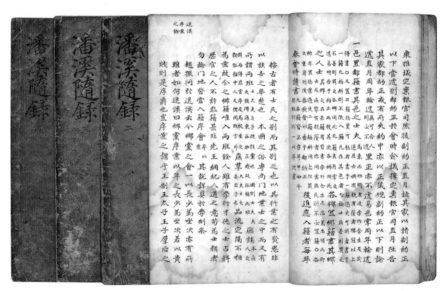

『반계수록』, 유형원, 29.7×18.6cm, 18세기, 서울역사박물관.

의감과 혜민서의 통합을 주장하기도 했다.

마지막으로 활인서를 살펴보자. 활인서는 삼의사 외에 설치된 기관이었다. 1392년(태조 원년)에 고려의 제도를 따라 설치한 동서대비원東西大悲院이 활인서의 전신이다. 부사副使 1원, 녹사 2원을 두었다가 동활인서와 서활인서로 나눠 도성의 병든 사람을 구제해 살리도록 했다. 제조 1원, 별제 4원, 참봉 2원을 두었다. 뒷날 별제 2원을 감했고, 1709년(숙종 35)에 참봉 2원을 감하여 혜민서에 속하도록 했다. 1882년(고종 19)에 혁파했다.

활인서는 일종의 적극적인 치료 기관이기라기보다 격리 장소로 활용되었다. 무당을 동원한 주술 치료 방법도 썼다. 무당들은 세종 때부터 활인서 근방에 모여 살았다. 이곳을 근거지 삼아 환자들을 굿과 주술로 치료하면서 스스로 생계 방편으로 삼았다. 관에서는 활인의 공을 인정해 쫓아내지 않았다. 그들로부터 징수하는 세가 활인서 경영의 유력한 재원이 되었기에 이를 묵인하기도 했다. 세조대의 기록을 보면 역병 치료를 위해 무당의 기도를 채택하기도 했다. 『경국대전』에는 예조에서 무당의 명부를 작성해 관리하고 환자들을 치료하도록 했다. 그러나 기본적으로 무격과 같은 미신을 배척하지 않으면 안 되었으므로 활인서에서 무당들을 서서히 몰아내는 제도를 시행했다. 숙종대 이후 강경론이 우세해지면서 영조대에 이르러 서울의 무당은 혁파되었다. 물론 백성은 귀신에게 제사하고, 굿과 푸닥거리를 하는 등 미신에 의존할 때가 많았다. 이는 일반 백성뿐만이 아니었다. 양반들도 마찬가지였다. 무녀들이 한강 밖으로 축출되었지만 강을 건너와 성안에서 굿을 행한 것이다.

「액막이 무속 의식」, 김준근, 121×69cm, 19세기, 로열온타리오 박물관.
조선시대에는 주술 치료가 의학과 병행되기도 했다.

서울의 고지도를 살펴보면 활인서는 조선 전 시기를 거쳐 그 위치가 약간씩 변화했다. 특히 동활인서의 위치는 동대문 밖에 있다가 혜화문 밖 성북동 근처로 옮기는 과정을 반복했다. 중요한 것은 이들 활인서가 도성 밖에서 도성 안으로 들어가는 길목에 위치하고 있다는 사실이다.

대부분의 백성이 기근 등으로 유리하게 되면 몰려드는 곳이 대도시 주위였다. 정부에서는 왕이 살고 있는 도성지역에 몰려드는 환자들을 격리시킬 수밖에 없었다. 서울은 '사방의 근본'이므로 특히 서울 거주민의 안녕은 절대적이었다. 명종대에 진휼청에서는 도성 내 종루 앞에 진제장賑濟場을 마련해 도성민을 구료하자고 제의했으나 반대에 부딪혀 무산되었다. 조종조부터 도성 내에 진제장을 설치한 일이 없으며, 기민이 혹 계속 머물다가 죽는 이가 생기면 동리에 큰 폐단이 되리라는 게 이유였다. 도성 내 역병 환자가 몰려들어 안전을 위협할 가능성이 있다는 것이었다.

도성 안팎의 정치·의료적 구별은 불가피했다. 이때 활인서는 '차별의 기능'을 훌륭히 수행하는 기관이었다. 활인서가 죽을병에 걸린 환자를 격리시키는 장소로 활용되었던 만큼, 그곳에서 근무하게 되는 의관이나 노복들도 고역의 장소로 인식했다. 한때 제생원의 노비로 있던 김동의 진술이 저간의 사정을 잘 드러내준다. 그는 "내가 의관 이순몽을 모시는 관노로 있을 때, 양주 별장에 모시고 가다가 도중에 병이 나자 그가 나를 미워하여 못된 병이 있는 곳(활인서)에 두게 했다. 다른 의원이 이를 보고 안타까이 여겨 수월한 곳으로 옮겨주었는데 이순몽이 이 사실을 알아채고 나를 다시 못된 병의 환자들 속에 넣었다. 나는 중병을 얻어 거의 죽게 되었

다가 겨우 소생했다"고 술회했다. 이 때문인지 조선 후기에 활인서
는 활인서가 아닌 사인서死人署라 불리기도 했다.

전문의와 약국의 성행, 그리고 폐단에 대한 쓴소리

의서는 외우기가 매우 어렵다. (…) 그런데도 환자 집에 가면 (의원들은) 왜 목을 뻣뻣이 세우고 잘난 척을 하며 종이를 펴들고는 손가는 대로 써 내려가는지 모르겠다. 약재명을 한번 보고 휘갈겨 쓰고 한 글자도 고치지 않고는 처방문을 방바닥에 던지면서 곁눈질을 한다. 그러면 주인은 공손하게 주워 조심스럽게 보다가 한 가지를 지적하려 할 때 의원이 성을 내며 염려한다면 '쓰지 말라. 나는 고치든 말든 모르겠다'고 소리친다. 어찌 성인聖人도 아니면서 이처럼 자존自尊할 수 있는가.

정약용의 『마과회통』의 한 구절이다. 물론 다산이 비판한 바처럼 당시 모든 의사가 이렇듯 거만하고 불친절하지는 않았을 것이다. 그럼에도 불구하고 조선 후기 국가 의료 기관이 쇠퇴함에 따라 다른 한편에서 활발히 성장하고 있던 민간 의료인에 대한 우려의 심정이 절절하다. 당시 많은 의원과 약국이 번성하면서 부수적으로 생겨난 폐단에 대한 염려였다.

지금은 대부분의 환자가 병원을 찾는 것이 상례이지만 조선시대에는 거동이 불편한 환자를 위해 의원들이 병가病家를 왕진하는 것이 보통이었다. 환자 가족은 말이나 가마 등을 보내 의원을 대접

『마과회통』, 정약용, 조선 후기, 국립중앙도서관.

하는데 대우가 신통치 않으면 의관들이 잘 가지 않고 허세를 부렸
다. 처방전에 대한 전권은 매우 강력해서 환자가 약에 대해 왈가왈
부하면 방문을 집어던지며 치료를 거부할 정도였다.

　물론 의약에 대해 잘 아는 집을 방문할 때는 사정이 달랐다. 의
원들은 환자 가족과 충분히 상의하면서 치료했는데, 의약을 잘 안
다면 식자층이고, 식자층이라면 대부분 양반이었기 때문이다. 양
반들은 환자의 상태에 대해 누구보다도 잘 아는 자신들이 의사와
직접 의논해 병을 고치는 등 치료 과정에 적극적으로 참여했다. 뿐
만 아니라 환자의 경과를 관찰하고 기록해둔 병력부病歷簿를 가지
고 의원과 토론하며 약재를 투약했다. 물론 의원들은 이를 악용해
의료 사고시 발생하는 모든 책임을 회피하기도 했다.

「의사」, 『조선풍속도첩』, 나카무라 긴조, 1910년 간행.

사실 이런 이야기는 모두 서울 주변의 의료 시장이 넓게 형성된 곳의 문화였다. 조선 후기에 이르러 의원들은 양적으로 늘어났을 뿐만 아니라 질적으로도 전문화된 자신들의 고유 영역을 확보하게 되었다. 특히 서울처럼 의료 인력이 상대적으로 풍부한 곳에서는 오늘날의 전문의라고까지 부를 순 없지만 이미 분화가 일어나 소아과, 두과痘科(천연두 치료), 부인과 혹은 종기 치료를 전문으로 하는 의사들이 나타났다. 세분된 전공 분야는 당시 의원들이 얼마나 성행했고 경쟁력을 갖추기 위해 얼마나 노력했는가를 잘 보여준다.

당시 의원들은 특화된 전문 분야뿐만 아니라 처방전을 여러모로 개발하거나 발전시켰다. 조선 후기에는 다양한 수준과 분야의 의원들이 활동하면서 환자들을 진찰하고 처방전을 발급해주었다. 의원들은 환자가 찾아올 때나 혹 자신들이 환자 집을 방문해 검진한 뒤 '화제和劑'라는 처방전을 환자에게 써주었고, 처방전을 받은 환자들은 이것을 가지고 약국에 가서 약을 사서 다려 먹거나 혹은 환약·고약 등의 형태로 복용했다. 진료는 의사가, 조제는 약국이 담당하는 초보적인 의약 분업이 이루어진 셈이다.

의사의 처방전이 아무리 좋거나 많다 한들 약물을 구입할 수 없다면 모두 허사일 뿐이다. 따라서 의약업의 발달은 의원 수가 증가하고 수준이 향상되는 동시에 많은 약국이 번성해야 가능한 일이었다. 사실 조선 전기만 해도 서울에 거주하는 양반들조차 약재 구입과 구득이 매우 어려워 관청에서 안면을 통해 약간씩 얻는 정도였다. 이조차도 마음대로 구할 수 없어서 마음 맞는 지방의 사족들은 자기들끼리 약재를 상부상조하는 모임을 갖기도 했다. 계원이 병들면 누구는 감초, 누구는 인삼 등을 부조하는 방식이다.

조선 후기 한약방의 모습.

　18세기 후반에 이르러서는 서울에 수많은 사설 약국이 들어섰다. 실학자 유득공은 『경도잡지京都雜志』에서 당시 시장이 매우 성행했다고 말하면서 "약방들은 모두 갈대로 발을 만들어 문 앞에 늘어뜨리고 신농유업神農遺業, 만병회춘萬病回春 등의 상호를 내걸고 장사했으며 이들 약 파는 사람을 봉사奉事라고 부른다"고 기록했다.

　오늘날 을지로 입구인 구리개銅峴 지역에 수많은 약재상이 운집해 있었다. 물론 약국이 이곳에만 있진 않았다. 이들은 자체 상호를 내걸고 수많은 약재를 취급했는데, 18세기 후반에는 이미 공물로 올리는 인삼 등 고가의 약재를 모두 서울 약국에서 구매해 납품하는 것이 상례였기에 막대한 이익을 남기고 있었다. 크고 작은 약국상들의 번성으로 18세기 후반의 의료 시장은 처방전만 갖고 있으면 얼마든지 약물을 구할 수 있는 상황으로 변했던 것이다.

민간에서는 화제만 있다면 언제든 유사한 증세에 약을 사다가 집에서 처치할 수 있었으므로 좋은 화제를 잘 모아두는 일이 무엇보다 중시되었다. 유명한 의사들의 화제는 고가에 팔리기도 하고 일종의 비방처럼 널리 퍼지기도 했다. 특히 18세기 후반에 평양의 모 의사가 처방했다는 삼용고蔘茸膏 화제는 크게 유행을 떨쳤다. 이 처방문은 구하기도 어려웠지만 약재 값이 워낙 고가여서 보통 사람들은 한번 먹어보는 게 평생의 소원일 정도였다.

상시적으로 질병에 노출되었던 전근대 사회에서는 발병하기 전에 미리 조섭하는 일을 양생의 좋은 방법으로 여겼다. 18세기 서울에 살았던 양반 유만주는 『흠영欽英』이라는 일기를 남겼다. 여기에는 그의 건강 관리에 대한 이야기가 자세히 나온다. 그는 항상 병이 나기 전에 예방하려고 노력했다. 유만주 스스로 안질, 치질, 산증疝症 등 많은 질병으로 고통받았기 때문에 예방을 중시한 것은 당연했다. 그리고 당시 유만주는 어머니와 아버지 그리고 처와 두 아들, 두 딸 등 모두 여덟 명 가족의 건강을 돌봐야 할 책임을 지고 있었다. 그는 특히 어머니와 아이들의 질병에 대해 신경을 많이 썼다.

여름철에는 상비약을 준비해 설사 등 계절상 발생하는 질병에 대비했으며 평소에 신체 관리를 통해 질병을 막고자 했다. 특히 유만주는 섭생의 지름길로 소식을 강조했는데, 이 점은 매우 의미심장하다. "섭생을 잘하는 데는 빈한한 선비만 한 이가 없고 못 하는 데는 달관귀인達官貴人보다 못한 이가 없다. 귀인은 생활이 편리하

『흠영』, 유만주, 1775~1787, 규장각한국학연구원.

여 용품이 풍부하므로 병이 마땅히 없고 가난한 선비寒士는 긴축하여 병이 있을 듯하지만, 병이 있을 것 같은 자가 병이 없고 병이 없을 듯한 자가 병이 있는 것은 무슨 까닭인가? 빈한한 자는 항상 먹고사는 것이 어려워 조금씩 먹으며鮮食 먹어봐야 채소와 풀뿌리 등 거친 음식뿐이며 항상 따뜻한 방에 거처하지 못하므로 근골이 자연 단단하다. 의복도 계절에 맞추지 못하므로 여름에도 목면이 효과가 있다. 바로 이것이 섭생의 중요한 방법이다. 귀인은 반대로 그 거처가 겨울에는 지나치게 덥고 여름에는 시원함만을 좋아하여 모시로 온몸을 감싸도 열기가 들어와 부채로도 이를 막을 수 없어 얼음만을 구하고 (…) 혹 병이 생기면 약초와 녹용을 먹어도 겨우 차도가 있을 정도다."

조선 후기에 이르면 적어도 음식에 관한 한 지나치게 많이 먹어 비만해지고 움직이지 않는 데서 기인하는 질병들이 생겨날 법한 사회경제적 변화가 일어났기 때문이 아닐까 생각된다. 이러한 유만 주의 발상은 『흠영』 곳곳에서 드러난다. 특히 그는 건강하게 살려면 약에 의존하기보다는 많이 생각하고 부지런히 움직여야 한다고 주장했다. '무지無志', 즉 무엇을 하려고 생각하는 의도가 없는 데서 병이 발생한다고 설명한 유만주는 아무 생각 없는 게으름은 '무위'를 불러일으키고 무위는 나태로 이어져 병이 생겨나는 것이라고 주장했다.

결국 부지런히 몸을 움직이는 노비들은 병이 생길 리 없다는 것이다. 그런 까닭에 같은 병이라도 노비와 양반은 서로 구별해서 조제해야 한다고 보았다. 두 계층은 의식주와 노동 강도가 서로 다르기 때문에 혹 같은 증세가 나타나더라도 처방이 다를 수밖에 없다는 주장이다. 그리하여 그는 이런 차이를 무시하고 그저 의서에 쓰인 대로 무리하게 처방하는 의사들을 질타했다. "의술을 쓰는 자들이 말하기를 한 병에 동일한 처방을 쓴다고 하지만 조선은 양반과 상민이 전연 다르다. 대개 천한 자는 고량(기름진 음식)을 적게 먹고 근골을 많이 쓰므로 오장육부가 항상 소통하여 응체되는 법이 없다. 천한 여자가 월경불순하고 애 낳기 어렵다는 이야기를 듣지 못했는데 모두 위장과 사지가 양반의 고귀함과 다르기 때문이다."

7장

상의원,
왕실의 보물창고를 지키는 이들이 갖춰야 할 자질

이민주 한국학중앙연구원 장서각 연구원

상의원은 왕실의 보물창고다. 즉 많은 금은재화를 보관할 뿐만 아니라 왕실에서 필요로 하는 의대를 갖춰놓고 전교에 따라 각종 복식과 옥대玉帶·직물織物 등을 바쳤으며, 사색단자 등의 직물을 짜기도 했다. 또한 어진을 간수하고 금보金寶·책보冊寶 등을 보관하는 업무도 담당했다. 이 글에서는 『경국대전』과 『육전조례』를 통해 왕실 복식의 주무관청인 상의원의 위치 및 조직 구성과 함께 그들의 역할을 살펴보고자 한다. 또한 조선왕조실록에 실려 있는 상의원 소속 관원을 중심으로 실무자들의 생활공간에서 벌어지는 크고 작은 사건과 사고를 살펴봄으로써 그들의 삶 속으로 들어가보려 한다.

상의원, 침전과 지근거리에 두다

상의원은 왕실 가족의 의생활을 담당하는 궐내각사 중 하나다. 그에 관한 기록은 조선 초 경복궁 창건 초기부터 등장한다. 그 뒤 정치제도가 정비되면서 궐내각사는 점점 더 많아졌고 상의원 역시 왕을 비롯한 왕실 가족의 생활을 보

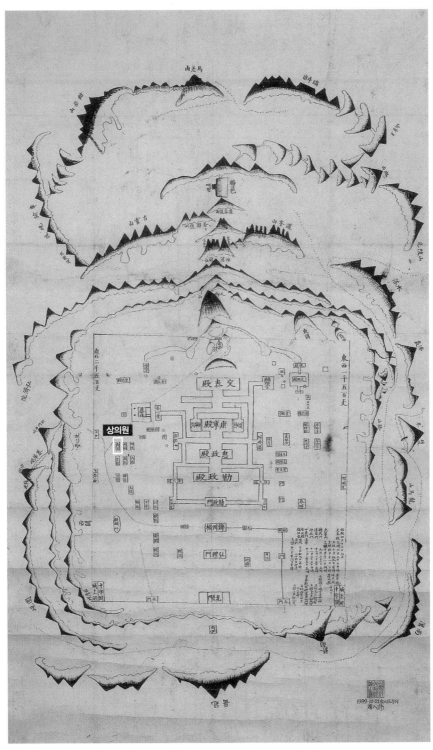

「경복궁도」, 종이에 엷은색, 99.3×60.3cm, 1865, 서울역사박물관. 표시된 곳이 상방(상의원)의 위치다.

좌하는 실무 관서로서 역할했다.

상의원은 각 궁궐 안에 두었다. 구체적인 위치를 『궁궐지』에서 살펴보면, 경복궁의 영추문迎秋門 안에 자리하고 있으며, 창경궁에는 병조 남쪽 선인문宣仁門 안에 위치해 있다. 또 경희궁 왼쪽에 있는 흥원문興元門(옛날 숭의문) 안에도 있어 그들의 역할이 왕실과 얼마나 밀접했었는가를 알려준다.

실제로 상의원의 구체적인 위치를 「경복궁도」에서 살펴보자. 영추문(연추문)으로 들어가면 왼쪽에 사도시司導寺가 먼저 보이고 그 위로 관상감觀象監이 있으며 그 위에 상의원이 있다.

창덕궁에는 돈화문으로 들어가 오른쪽으로 가면 교자고轎子庫와 치미각致美閣을 아우르는 상의원이 자리하고 있음을 알 수 있다. 왕비의 침전인 교태전에서 상의원까지는 걸어서 30분도 채 걸리지 않는 거리다. 그만큼 왕실에서 필요로 하는 복식을 언제든 공급할 수 있는 위치인 것이다.

가장 많은 장인을 거느린 조직

상의원은 태조 때 설치되었다. 그 뒤 1895년(고종 32)에 상의사尙衣司, 다시 1905년에는 상방사尙方司로 이름을 바꿨다. 그렇다고 그들의 역할이 바뀐 것은 아니다.

『경국대전』에서 상의원 조직에 관한 내용을 보면, 정3품아문에 소속된 기관으로 제조 2명, 부제조 1명(승지 겸), 별좌와 별제를 합해서 2명, 주부 이상 1명 등 총 6명이 소속되어 있다. 그러나 이들 인원으로는 상의원에서 행하는 많은 일을 감당할 수 없기 때문에

치미각

교자고

상의원

「동궐도」, 273.0×576.0cm, 국보 제249호, 1830년 이전, 고려대박물관.

상방 현판. 나무, 36.0×101.0cm, 조선시대, 국립고궁박물관.

여러 차례 별좌의 자리를 늘리고자 했다. 이 일은 녹봉과 관계되는 것이라 결코 간단치 않았지만, 실질적인 업무를 담당하는 장인의 수를 늘림으로써 왕실에서 필요로 하는 복식을 원활하게 제공했다.

다시 장인의 구성을 『경국대전』에서 살펴보면, 크게 경공장과 외공장으로 나눌 수 있다. 경공장에는 본조, 봉상시, 내의원, 상의원, 군기시 등이 소속되어 있으며, 그중에서도 상의원에 가장 많은 장인이 속해 있다. 이는 왕실에서 필요로 하는 복식이 그만큼 많다는 것을 방증한다. 왕실 복식은 단순히 직물로만 만들어지지 않는다. 혹 직물로만 이뤄진다 해도 옷감을 짜려면 실이 필요하고 실을 염색하는 일도 해야 한다. 색사나 금사 등을 넣어 옷감을 짤 때도 있으므로 용도에 맞는 원사 또한

패옥용 망수綱綬, 길이 14.0cm, 너비 9.0cm, 1837, 국립고궁박물관. 왕실 남녀 대례복 옆허리에 늘어뜨리는 패옥의 밑바탕 장식물이다. 적색·청색·검은색·백색·녹색의 실로 만들었다.

준비해야 한다. 이처럼 필요한 직물을 장만한 뒤에는 그 위에 그림
을 그리거나 수를 놓고, 풀을 먹이거나 다듬이를 하기도 했다. 여
기까지는 단지 옷을 만들기 위한 기본 작업일 뿐이다. 다음에는
옷을 입을 사람의 체격에 맞게 마름질하고 예쁘게 바느질하는 일
이 남아 있으며, 이렇게 장만한 옷을 탄일이나 절일, 또는 의례에
맞춰 각 전殿과 궁宮에 제때 올려야 한다. 한편 의례복이라면 각각
의 옷에 맞는 부속물이 필수다. 그런데 이러한 부속물을 나라 안
에서 구하지 못할 때도 있다. 이때는 상의원뿐만 아니라 호조와 긴
밀히 상의해 필요한 물건을 무역해오거나 호조에 있는 물품을 가
져다 써야 한다. 따라서 상의원 소속 관리들은 장인이나 호조 소
속 관리들과 좋은 관계를 유지해야 한다.

영친왕 곤룡포.
비단에 자수, 길이 119.0cm,
화장 98.5cm, 20세기 초,
국립고궁박물관.

시대가 바뀌면 국가 체제도 바뀌게 마련이다. 조선 후기 『육전조례』에 수록된 상의원의 조직 체계를 보면 제조 2명, 부제조 1명(승지 겸)까지는 초기와 같으나 그 아래는 좀더 세밀히 분류되고 있다. 정 1명, 첨정 1명, 주부 1명, 별제 1명, 직장 1명으로 『경국대전』보다 관리 수가 많아졌음을 알 수 있다. 여기에 상의원 조직을 더 세분화해서 의대색, 교자색, 금은색, 직조색으로 구분해 집리가 각 1명씩 있고, 서리 16명이 돌아가면서 관장하도록 했다. 그리고

〔표 1〕『경국대전』(위)과 『육전조례』(아래) 상의원 조직도

내각겸리 2명과 장무서리 1명, 고직庫直 2명, 사고직 1명, 대청직 1명, 도예徒隸에 사령使令 11명, 방직房直 1명, 침선비針線婢 20명 등 총 64명이 상의원에 소속되어 있다. 이를 조직도로 그려 비교하면 [표 1]과 같다.

『육전조례』에서 구분한 의대색, 교자색, 금은색, 직조색에 소속된 장인을 구체적으로 살펴보면 『경국대전』에 비해 화장, 유칠장, 나전장, 하엽녹장, 경장, 묵장, 매듭장, 화빈장, 죽소장 등의 열 분야가 축소된 반면 목수木手, 영장鈴匠, 미장味匠, 정장精匠, 온혜장溫鞋匠, 화피입염장靴皮入染匠, 궁대장弓袋匠, 초장綃匠 등의 분야가 추가되어 당시 신발과 관련된 장인의 역할이 더욱 전문화되고 있음을 알 수 있다.

왕실의 의대와 재화를 공급하다

상의원 관원이나 실무 담당자의 역할 중 가장 중요한 것은 왕실에서 필요로 하는 의대 및 재화를 얼마나 잘 공급할 수 있는가이다. 『육전조례』에는 상의원 소속 장인들을 의대색, 교자색, 직조색, 금은색으로 세분해놓고 왕실에서 요구하는 복식을 갖추도록 했다. 그런데 이들의 업무를 구체적으로 살펴보면 상의원에서 장만하는 물목만으로는 의례를 치를 수 없다. 예를 들어 의대색에서 담당했던 왕의 법복法服인 면복과 원유관복을 장만하려면 상의원과 호조의 긴밀한 협조가 이뤄져야만 제때 진상할 수 있다.

법복인 제복의 평천관平天冠에 들어갈 백옥량白玉梁, 주광주駐纊繡

珠, 잠簪, 유오색주旒五色紬가 있어야 하며 면복에는 수綬, 대대大帶, 청조靑組, 오색다회五色多繪, 패옥佩玉, 방심곡령方心曲領, 적말赤襪, 적석赤舃, 백옥규白玉圭를 올려야 한다. 이외에 황단皇壇에 친제親祭를 지낼 때에는 청수옥靑綬玉으로 된 규를 올린다. 이는 왕세자도 마찬가지다. 이를 정리하면 [표 2]와 같다.

[표 2] 상의원에서 장만한 면복

구분	품목	소입所入	조달 기관	부속	조달 기관	비고
법복	평천관	모라	상의원	백옥량	호조에 보고하여 취용	
				백옥주白玉駐		
				각색주各色珠		
				은사, 각색사		
	면복	아청숙초 2필 백숙초 1필 15자 대홍숙초 2필	상의원	수	호조에 보고하여 취용	
				대홍		
				청조		
				오색다회		
				패옥		
				방심		
	적말		상의원			면복각에 봉안·진상
	적석		상의원			
	백옥규		상의원			
	청옥규		상의원			황단에 친제시

이처럼 호조와의 협업을 통해 상의원에서 장만한 왕의 면복 구성은 『국조오례서례』 제복도설에 실려 있다.

다음은 원유관복이다. 원유관에는 오색주로 된 잠簪이 있어야 한다. 그리고 강사포에는 수, 대대, 청조, 오색다회, 패옥, 적말, 적석, 백옥규 등이 필요하다. 이것은 왕세자도 마찬가지인데, 다만

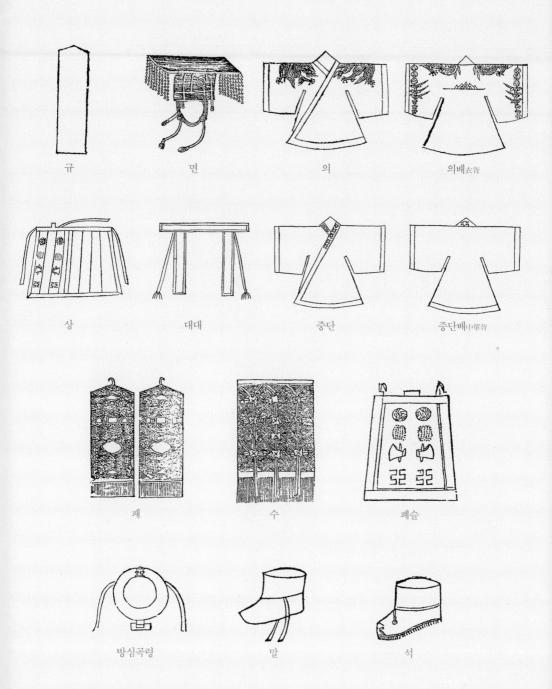

규　　　면　　　의　　　의배衣背

상　　　대대　　　중단　　　중단배中單背

패　　　수　　　폐슬

방심곡령　　　말　　　석

『국조오례서례』에 실린 제복 도설.

백옥량과 백옥규 대신 청옥규를 쓰고 오색주 대신 삼색주를 쓴다. 이들은 모두 각閣과 가家에 잘 담아 올려야 한다.

그런데 이들 복식을 장만하려면 역시 상의원 혼자 힘으로는 어려우며 호조의 도움을 받아야만 한다. 예를 들어 면복에 들어가는 아청숙초鴉靑熟綃 2필과 백숙초 1필 15척, 대홍숙초 1필은 상의원에 소속된 물력으로 직조하며, 그 나머지는 호조에 보고한 뒤 가져다 쓴다. 강사포에 들어가는 옷감을 보면 겨울에는 대홍공단 2필, 백항라 1필 15척이 들어간다. 이외에 옥규와 패옥은 호조에 보고하고 가져다 쓴다. 평천관은 모라毛羅로 만드는데 상의원의 물품으로 마련하고 원유관에 들어가는 오색주, 각색실, 다회 등은 호조에 보고하고 가져다 쓴다. 적말, 적석, 평천관 이엄, 원유관 이엄 등을 들일 때에는 안에 받치는 종이인 안지按紙와 배접할 때 사용할 옷감으로 배포褙布, 향사鄕絲, 백사白絲, 대홍진사 등은 호조에 보고하고 가져다 쓴다. 또 상처가 있거나 오물이 묻었으면 조용히 고치거나 만든다. 이를 정리하면 [표 3]과 같다.

이처럼 호조와의 협업을 통해 상의원에서 장만한 원유관복의 구성 역시 『국조오례서례』에 제시되어 있다.

그러면 이렇게 마련한 면복과 원유관복은 어떻게 착용했을까? 현전하는 면복의 착장 모습은 익종(1809~1830)이 효명세자 시절에 그려놓은 예진睿眞에서 확인할 수 있다. 안타깝게도 한국전쟁 당시 불에 타 예진이 반쪽밖에 남아 있지 않지만, 그나마 전체 모습을 상상할 수 있으니 불행 중 다행이다. 또 고종이 통천관通天冠에 강사포를 입고 있는 모습도 있다. 이는 고종이 황제 위에 오른 뒤에 그린 것이기에 원유관이라 하지 않고 특별히 통천관이라고

[표 3] 상의원에서 장만한 원유관복

구분	품목	소입所入	조달 기관	부속	조달 기관	비고
법복	원유관	모라	상의원	오색주五色珠	호조에 보고하여 취용	
				각색사各色絲		
				다회多繪		
	강사포	동절: 대홍공단 2필 백공단 1필 15척 하절: 다홍색항라 2필 백항라 1필 15척	상의원	수	호조에 보고하여 취용	
				대대		
				청조		
				오색다회		
				패옥	전배前排 이용	
				적말	호조	
				적석		
				백옥규	전배 이용	
	원유관 이엄		호조	안지, 배포, 향사, 백사, 대홍진사	호조	면복각에 봉안·진상
	이엄각		호조	단판, 전매칠, 어교, 정철, 오동판	호조에 보고하여 취용	각에 상처가 있으면 조용히 처리·개조

한다.

이렇게 장만한 면복과 강사포 및 왕의 상복에 해당되는 곤룡포袞龍袍는 각閣에 담는다. 다음으로 관모에 속하는 평천관, 원유관, 익선관, 공정책 등은 가家에 담는다. 상의원의 역할 중 또 하나 중요한 것이 보관이다. 왕실의 복식은 귀하기도 할뿐더러 면복이나 원유관복 등은 자주 입는 옷이 아니다. 따라서 얼마나 잘 보관하는가의 문제는 절용節用을 위한 것이기도 했다. 또 복식은 각에 담고 관모류는 가에 담은 뒤 면복은 평천관과 함께, 강사포는 원유관과 함께 놓음으로써 쉽게 복식을 찾아 올릴 수 있다. 뿐만 아니라 정리가 잘되어 있어야 상처가 나거나 오염되었을 경우 쉽게 개조해 언제

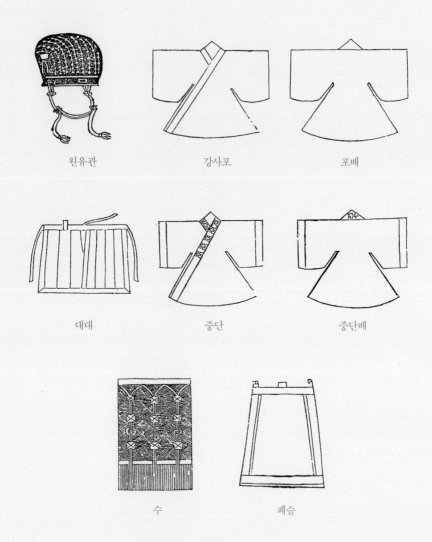

원유관

강사포

포배

대대

중단

중단배

수

폐슬

『국조오례서례』에 실린 원유관복 도설.

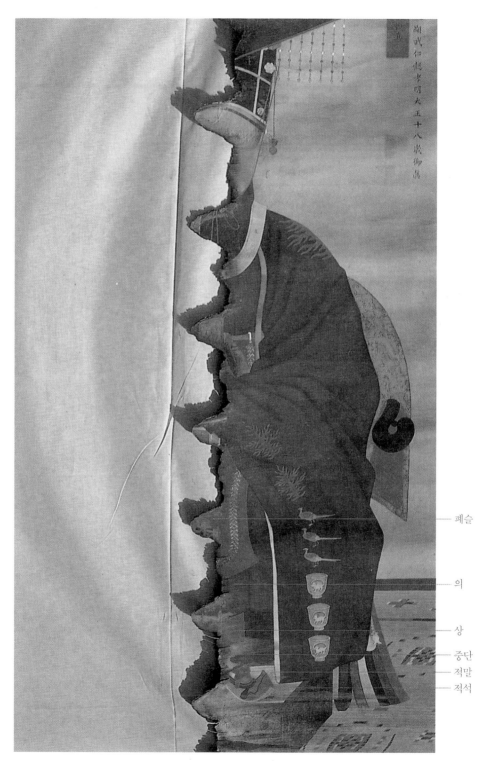

폐슬

의

상

중단
적말
적석

면복을 착용한 효명세자.

「고종 어진」, 비단에 채색, 162.5×100.0cm, 1918년경, 국립고궁박물관.
통천관복을 착용한 모습이다.

든 필요할 때 진상할 수 있도록 하는 것 역시 큰 목적이었다.

이외에도 여러 이엄을 담는 각 역시 상처가 생겼거나 훼손되었다면 빨리 개조해야 한다. 이때 소용되는 단판椴板, 매칠每漆, 전칠全漆, 어교魚膠, 정철正鐵, 오동판 등은 호조에 보고하고 가져다 쓴다. 이처럼 상의원에서 장만해야 하는 복식이지만 상의원 스스로 조달할 수 없을 때는 호조에 보고한 뒤 가져다 쓰도록 했기 때문에 호조와의 관계는 중요했다.

또한 면복에 사용한 패옥이나 백옥규 등은 원유관복에서도 같이 사용해야 하므로 이들의 정확한 보관 위치를 파악하는 것 또한 상의원 관리들의 중요한 역할이었음을 알 수 있다.

포상과 함께 청렴치 못한 자를 중죄로 다스리다

상의원에 소속된 관원들은 기본적으로 왕실의 보물창고를 책임지는 사람들이다. 이들은 직접 복식을 제작하기도 하고, 왕실에서 필요한 물건이 무엇인지 판단해 진상하기도 하며, 필요한 물품을 구입하기도 한다. 따라서 상의원 관리를 뽑을 때는 무엇보다 청렴을 중시했다. 또 실무를 담당하는 장인들은 직무에 맞는 기술을 배워야 했다. 특히 침선비는 바느질 실력이나 수놓는 솜씨가 좋아야 하므로 어려서부터 궁에 들어와 기술을 익혔다. 왕실 복식은 아무나 만들 수 있는 게 아니다. 이는 숙련된 기술을 보유한 사람이 정해진 규정에 맞춰 만드는 것이기 때문이다. 이들의 구체적인 업무와 그에 따른 상벌관계를 확인해보자.

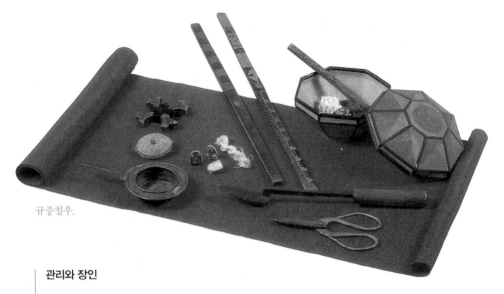
규중칠우.

관리와 장인

상의원 관리는 값비싼 직물은 물론 금은보화가 보관되어 있는 곳을 드나들고, 많은 물건을 직접 만지며 관리하기 때문에 청렴이 중요 덕목이었다. 그러나 그들 중에는 왕실 물건에 욕심을 부리며 훔치는 이도 있었다. 이에 상의원 관리로서 도둑질하는 이들에 대한 율律은 참부대시斬不待時로 행해졌다. 원래 사형이 선고되면 바로 죽이지 않고 추분까지 기다리는 게 원칙이었다. 그러나 대악大惡·대죄大罪 등 중죄를 범한 죄인은 이에 구애받지 않고 바로 사형을 집행하는 제도가 있었으니, 이른바 참부대시다. 상의원 소속 관리가 물건을 훔치면 그것이 크든 작든 상관없이 참부대시를 감행했다. 그만큼 중죄로 다스리고자 했던 것이다. 상의원 관리 선발 기준의 제1조건으로 청렴을 꼽은 데는 이런 이유가 있었다.

성종 때의 일이다. 상의원 소속 능라장綾羅匠 윤생이란 사람이 있었다. 그는 출납하는 때를 틈타 실을 훔치다가 발각되는 바람에 참부대시를 당할 위기에 놓였다. 그런데 성종은 "어장물을 훔친 죄는 죽어야 마땅하나 출고하여 도로 넣을 때 숨겨두었다가 넣지 않은 것은 문을 열고 훔친 것과는 차이가 있다고 하며, 보통 사람은 이욕利慾이 항상 앞서므로 재물을 보면 가지고 싶은 것은 족히 괴이할 것이 없다"고 했다. 그러고는 오히려 관리를 제대로 하지 못한 전수관에게 벌을 주어 장 100대에 처하고 3000리 밖으로 유배 보내도록 했다. 결국 임금은 인간 본성의 견물생심을 이해하고 그 자체를 벌하기보다는 관리를 허술히 한 죄를 물었던 것이다.

상의원에서 물건이 없어지는 일은 비일비재했다. 심지어는 저울추를 별도로 만들어 마음대로 용량을 저울질했으니 물건 한두 개 훔친 것과는 차원이 달랐다. 상의원에 있는 많은 재화는 이들 관리에 의해 출납이 이뤄졌다. 그런데 저울추를 바꿨으니 그 손실이 어떠했겠는가?

이외에 상의원 관리는 옷을 직접 제작하는 일도 담당했다. 1425년(세종 7) 백운보가 상의원의 별좌가 되었다. 백운보에게 별다른 재주가 없음에도 그가 이런 직책을 얻었던 것은 어의를 짓는 법을 알고 있었기 때문이다. 그런데 그가 진상하는 옷을 제 손으로 만들지 않아 체재에 맞지 않는 옷을 진상하게 되었고 결국 의금부에 갇히는 일이 벌어졌다.

또 상의원 관리 중에는 왕실에서 필요한 물건을 중국에서 사오는 일을 담당하는 이도 있었다. 1413년(태종 13)의 일이다. 형조에서 상의원 관리 최림에게 벌주기를 청했다. 이유인즉 국내에서 쓸 초백綃帛을 사왔는데 값이 배나 비싸고 물건도 제대로 고르지 못했기에 나리에 큰 손실을 입혔다는 것이었다.

이처럼 상의원에 소속된 관리들에게 업무상 과실이 있을 때에는 다른 어떤 관리보다 중한 책임을 물었다. 그것은 조선시대의 법과도 마찬가지인 의례를 제대로 수행할 수 없을 뿐 아니라 나라에 끼치는 손해도 막심했기 때문이다.

그렇다고 해서 책임만 따른 것은 아니다. 의대색, 교자색, 금은색, 직조색에 소속된 장인들은 의례마다 참여해 의식에 필요한 물건을 만들었다. 1882년 순종과 민씨의 결혼에 동원된 장인의 수를 보면 책례 때 217명이었으며, 가례 때는 430명이었다. 장인의 수는 의식의 크기에 비례하는 것으로, 책례보다는 가례 규모가 훨씬 크기 때문에 동원된 장인의 수도 거의 두 배에 이른다. 많은 인원이 동원된 만큼 의례가 끝나면 그에 상응하는 상을 주어 모두의 축제가 되었다.

침선비

상의원에 소속된 침선비는 과연 몇 명일까? 『경국대전』에는 공조에 10명, 상의원에 40명, 제용감에 24명 등 총 74명이라고 기록했으며, 『신증동국여지승람』에는 한성부 공장에 6명, 상의원에 40명이 있다고 했다. 또한 『육전조례』에는 상의원에 20명이 있으며, 의대색에도 20명이 있다고 했으므로 조선 초에 비하면 침선비의 수가 줄어든 듯하다. 그러나 실상은 그렇지 않았을 것이다. 왜냐하면 각 전과 궁에 수방과 침방을 두어 필요한 바느질을 할 수 있었기 때문이다. 이는 1882년 임오가례 시 장만한 혼수 물목 중 친의류에 해당되는 속옷의 수數가 많자 그 물목을 적어 침방에 먼저 주었으며, 의례가 끝난 뒤 침방과 수방의 침선비들에게 상을 내려준 발기에서도 내인들의 실명實名이 확인된다.

그러나 침방과 수방에서 옷을 잘 만들 수 있게 하려면 세답방에
서 빨래를 깨끗이 해주어야 하고 풀도 잘 먹여주며 다듬이질도 알
맞게 해주어야 한다. 그래야 침선비들이 왕과 왕비의 옷을 비롯해
금침, 누비옷, 그 밖에 왕실에서 소요되는 각종 의복을 제작하고
왕실 복식 또는 장식물에 수를 놓을 수 있다. 그런 까닭에 이들의
도움이 없이는 침선비들이 아무리 바느질을 잘한다 해도 각 신분
에 맞는 아름다움과 위의威儀를 드러낼 수 없다. 따라서 아름답고
품위 있는 왕실 복식을 만드는 일은 침선비들의 기술만으로는 이
뤄질 수 없으며, 상호 간의 협업이 우선되어야만 한다.

한편 왕실 복식은 주로 비단으로 되어 있다. 더욱이 수를 놓기도
하고 금박을 찍기도 하는 등 특수처리된 직물이 많다. 그러나 임금
은 검약을 상징적으로 표현하기 위해 얼마나 여러 번 세탁한 옷을
입었는가를 이야기한다. 1474년(성종 5) 공혜왕후가 돌아가시자 그
녀의 죽음을 슬퍼하면서 바친 글을 보면, "인애를 베풀고 세탁한

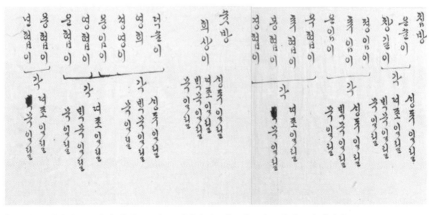

「임오졍월 천만셰 동궁마마 관례ᄒᆞ오신 후 ᄂᆡ인샹격불기」, 한국학중앙연구원 장서각.

옷도 입어 검약을 밝히시며, 밤낮으로 종묘를 공경히 받들고 편히 지내려는 뜻을 나타내지 않고 예절을 지켜서 더욱 경건했다"고 추모하고 있다. 여기서 공혜왕후의 검약함을 결정하는 것이 바로 세탁한 옷을 입으셨다는 내용이다. 또 중종은 조강에 나갈 때 세탁한 모시옷을 입고 빛바랜 강사포를 입었으며, 영조는 세탁한 옷을 입는 것은 물론이려니와 직조를 폐지하기까지 했다. 이에 영조 이후에는 법복에 있어서도 곤복이 아니면 비단을 입지 않았으며, 왕비의 적의翟衣도 향직으로 만들고자 했다.

이처럼 옷감이 단순하고 소박해질수록 바느질 솜씨는 더욱 빛난다. 그런 까닭에 침선비들은 수방이나 침방에 거주하면서 바느질을 익혔으니 손가락에서 바늘 자국이 사라지는 날이 없을 지경이었다. 그만큼 노동의 강도가 셌던 것이다.

그러나 어려운 바느질보다 더 어려운 것이 있었으니 그것은 바로 수를 놓는 일이었다. 수는 무엇보다 정교함이 생명이기 때문에 촘촘하게 공간을 메워야 한다. 수를 놓는 일이 어렵다는 점은 연산군이 잘 알고 있었다. 1504년(연산군 10) '흉배의 금선은 공정이 세밀하여 만들기 어려우니 그 직공 및 침선비들에게 많이 익히도록 하여 능한 자는 우대해서 상을 주고 능하지 못한 자는 처벌하라'고 한 것으로 보아 상벌을 통해 기술을 연마하도록 동기를 부여했음을 알 수 있다.

다음으로 침선비의 주요 업무 중 빼놓을 수 없는 것이 보관이다. 보관은 물품을 소중하게 간직해 오래도록 사용하기 위한 것도 있지만 물품의 소재 확인을 명확히 해 불필요한 물품을 만들지 않도록 하는 데에도 그 목적이 있다. 더욱이 매일 착용하거나 사용하지 않는 물품들은 그 보관 방법에 따라 비용 절감에 큰 차이가 있기 때문에 검약을 위해 보관만큼 중요한 것은 없다고 해도 과언이 아니다.

8장

장악원,
모든 음률을 주관한 예술의 정점

송지원 국립국악원 국악연구실장

장악원, 조선 왕실의 음악을 주관하다

장악원掌樂院은 조선시대 왕실의 음악을 총괄한 기관으로 예조 소속의 정3품아문이다. 왕실에서 행해지는 각종 의례의 악樂·가歌·무舞를 담당한 악공樂工과 악생樂生, 무동舞童, 가동歌童, 여악女樂, 관현맹인 등이 음악 전문인으로서 이곳에 속해 왕실 의례에 수반되는 각종 음악을 연주했다. 이들이 다루는 음악은 일정한 의미와 계통을 지닌 것이기에 의례 때마다 소홀히 할 수 없었으며, 따라서 이들이 소화해야 할 왕실 행사 음악의 종류나 공연 횟수는 매우 많았다.

성종대에 편찬된 법전인 『경국대전』에 따르면 장악원에 소속된 당상관으로는 장악원 제조提調 2명, 당하관으로는 정3품의 장악원 정正 1명, 종4품의 첨정僉正 1명, 종6품의 주부主簿 1명, 종7품의 직장直長 1명이 있었다. 실제 음악 연주 담당자는 체아직 녹관이다. 체아직 녹관 중 음악 전문인으로서 오를 수 있는 가장 높은 품계는 정6품의 전악典樂이다. 전악을 필두로 종6품의 부전악副典樂 이하 종9품의 부전성이 좌방左坊의 악생과 우방右坊의 악공을 이끌면서 각각 담당한 음악을 준비해 음악 연주에 임했다.

『경국대전』을 기준으로 장악원에 소속된 음악인의 숫자를 보면 "아악 악사 2명, 악생 297명(후보생 100명), 속악 악사 2명, 악공 518명(10인당 후보생 1명), 가동 10명"으로 규정되어 있다. 악사와 악생, 악공, 가동의 수만 합쳐도 829명이고, 후보생까지 포함하면 981명의 대규모다. 그 외에 선상기選上妓, 즉 지방에서 뽑아 올리는 여성 음악인이 150명, 연화대 10명, 기타 의녀醫女 등도 연향에서 정재呈才를 추는 데 동원되어 왕실 행사에서 저마다의 역할을 해냈다. 여기에 기녀 150인 등을 더해 합산하면 무려 1141명이라는 대규모 인원이 왕실 의례의 악무樂舞를 담당했던 것이다.

이들 음악인은 제사, 연향, 조회, 군사 의례 등의 연주 일정을 소화해야 했다. 한 해 동안 장악원이 담당하는 연주 가운데 가장 많은 횟수를 차지하는 것은 길례인 제사다. 대사大祀에 해당되는 종묘제향은 오향제五享祭를 지냈으므로 연중 최소 다섯 차례의 제사가 있었다. 또 음력 1월과 7월에는 영녕전의 제사도 함께 올렸기 때문에 종묘와 영녕전의 정기 제사만 해도 한 해에 일곱 차례 올렸으며, 그때마다 장악원 소속 음악인이 음악과 일무佾舞를 연행해야 했다. 또 사직제는 음력 2월과 8월의 첫 번째 무일戊日, 즉 상무일上戊日의 두 차례와 납일까지 더해 총 세 차례를 치렀다. 결국 종묘제와 사직제 두 가지만 해도 1년에 열 번 제례악을 연주했던 셈이다. 또 중사中祀에 속하는 풍운뇌우제, 선농제, 선잠제를 비롯해 문묘제 등의 제례 음악도 장악원 소속의 악공, 악생, 무동이 각각의 정해진 날 제례악과 일무를 남낭했으므로 그 일정을 소화하기란 만만치 않았다.

길례인 제사 외에도 가례에 속하는 수많은 의례에 장악원 소속

『무신진찬도병』 중 '통명전진찬', 136.1×47.6cm, 1848, 국립중앙박물관. 궁중 잔치에 참여한 대규모 음악인물의 모습을 볼 수 있다.

「사직단국왕친향도병」 중 제2폭 '대제친향의도大祭親享儀圖', 비단에 채색, 127.0×50.0cm, 19세기,
국립중앙박물관. 사직단에 제사를 올리는 가운데 등가에서 수안악壽安樂을 연주하고
문무文舞를 추는 장면이 그려져 있다.

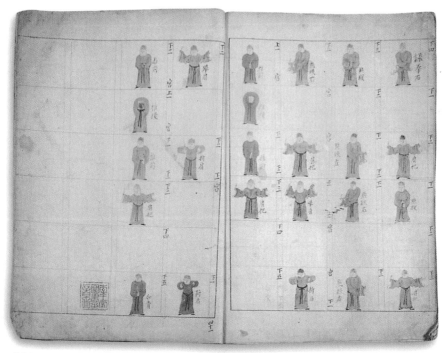

『시용무보時用舞譜』, 국립국악원. 종묘 제사 때 추는 일무가 그려져 있다.

음악인으로 구성된 악대가 동원되었다. 정월 초하룻날과 동짓날의
회례會禮는 해마다 정해진 날짜에 열리는 것으로 전정헌가殿庭軒架
악대가 구성되어 음악을 연주했다(『악학궤범』에 소개된 전정헌가의
악대에는 편종·편경을 포함해 건고建鼓·응고應鼓·삭고朔鼓 등의 북 종
류 악기와 박·축·어·방향·장구 등의 타악기, 거문고·가야금·당비파·
향비파·월금·아쟁·대쟁·해금 등의 현악기, 피리·대금·당적·통소 등
의 악기가 편성되어 있다). 또 양로연이나 음복연을 비롯해 갖가지 경
· 사스런 일이 있을 때 열리는 연향에서도 장악원 소속 음악인이 음
악을 연주했다. 이때는 연주 규모, 용도, 목적에 따라 전정헌가, 전

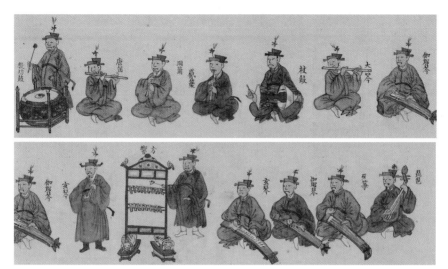

『기사진표리진찬의궤』에 실린 음악인들의 모습. 영국 도서관.

상악殿上樂, 등가登歌, 전후고취殿後鼓吹, 전부고취前部鼓吹, 후부고취
後部鼓吹 등 다양한 악대가 편성되어 연주를 담당했다. 그 밖에 외
국 사신을 위한 잔치에서도 장악원 소속 음악인이 연주를 맡았다.

장악원 제조, 덕과
음률을 갖추다

장악원 제조는 업무 총괄자로 종
1품, 정2품, 종2품 사이의 문신이 겸
했다. 그들은 국가 전례에서 쓰이는
악무와 관련된 일, 예컨대 음악 연주가 잘되고 있는지, 의례에서
노래하는 악장樂章의 내용은 그 의미에 걸맞은지, 음률은 제대로
되었는지, 무동·여기女妓·의녀·침선비針線婢 등은 춤을 제대로 추
고 있는지, 악공과 악생이 연주하는 음악이 의례에 맞게 제대로 연

행되고 있는지를 점검했다. 악기를 제작할 때는 감독하는 일을 맡기도 했고, 음악과 관련된 제도가 잘 운영되고 있는지 검토한 뒤 수정하는 일을 하기도 했다. 아울러 조선 악학의 부흥을 위한 노력도 장악원 제조에게 부여된 임무 가운데 하나였다. 심지어 한여름에 춤을 담당한 공인에게 더위를 가시게 하는 약을 나눠주는 일도 장악원 제조가 염두에 둬야 할 사항이었다. 음악 연주가 잘못되면 장악원 제조에게 책임을 물었다. 숱한 궁중 행사에서 연행하는 악·가·무에 대해 총체적 책임을 지는 자리에 있었던 장악원 제조는 겸직으로 하는 일임에도 불구하고 그 업무가 상당히 과중했다.

그러나 엄밀히 말하면 장악원 제조는 음악 전문인이 아니다. 따라서 그들의 음악 실력에는 개인차가 있었다. 즉 음악을 잘 알고 악기 연주에도 능한 이가 있는가 하면, 그렇지 못한 사람도 있었다. 장악원 제조를 임명할 때 가능한 한 음악에 조예가 깊은 인물을

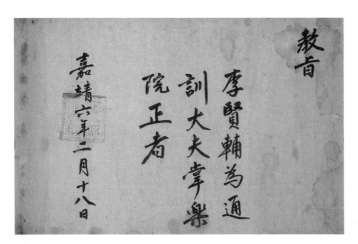

이현보 교지, 49.5×79.0cm, 1527, 유교문화박물관. 이현보를 장악원 정正으로 삼는다는 내용의 교지다.

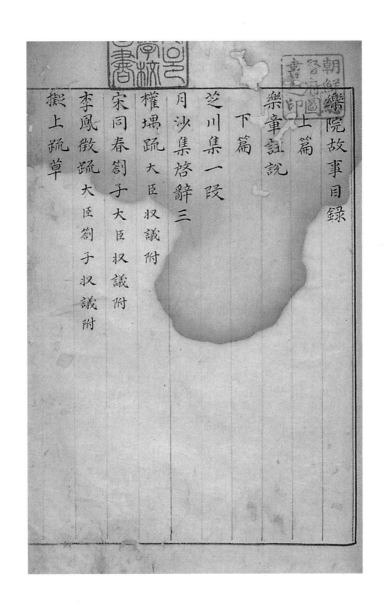

『악원고사樂院故事』, 35.4×25.0cm, 1696, 규장각한국학연구원.
장악원과 관련된 자료를 모아놓은 책으로, 장악원 정으로 있던 이세필이 종묘 정전과
별묘인 영녕전에서 지낸 제사의 악장을 기록하여 설명을 달고, 역대 악장에 관한 논의를 모아놓았다.

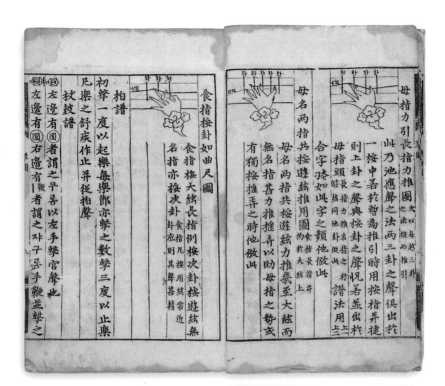

食指按卦如曲尺圖

拍譜

初擊一度以起樂每樂節亦擊之數擊三度以止樂

凡樂之舒疾作止并從拍聲

杖鼓譜

左邊有〇者謂之구랑以左手擊官聲也

左邊有〇右邊有一者謂之자굼手鞭并擊之

食指按大絃長指例按次卦按遊絃無

名指亦按次卦卦底則其聲甚稍

母名兩指共按遊絃推用圖

母名兩指甚力推�絃力推�弄之時他做此

合字法如凶字之頺他做此

無名指甚力推�弄之時以助母指之勢或

有獨按推弄之時他做此

母指力引長指力推圖

山乃池應聲之法兩三卦之聲俱出於捷

一按中若杓暫爲推引時用按指弄

則上卦之聲與按卦之聲兒盖出於

母指頭絃長指力推之於按次卦之杓

譜法用上三

聲也手法先鞭後手

右邊有〇曲畫者謂之ㄷㄹㄷ굼以鞭輕擊而仍拂

之使出三聲也

右邊有一鞭者謂之자右手執鞭單擊之聲也

鼓譜

擊鼓從杖鼓手擊及手鞭并擊弄時每應擊之

笛譜

圖出樂學軌範

一拍夾鍾姑洗官

二指仲呂蕤賓官

散形

圖出樂學軌範

『금합자보琴合字譜』, 37.5×25.0cm, 보물 제283호, 1572, 간송미술관.
장악원의 첨정을 맡았던 안상이 악사와 악공의 도움으로 재직 당시 거문고 악보인 이 책을 편찬했다.

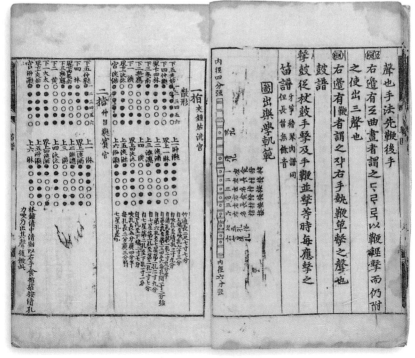

뽑으려고 했지만 늘 계획대로 이뤄지지는 않았다. 장악원이 담당하는 일이 예악과 관련된다는 이유로 덕을 갖춘 인물을 제조로 선임하려 한 노력도 엿보인다. 성종대에 장악원 제조 유자광柳子光이 덕망이 없어 적합하지 않다는 건의가 올라왔던 사실이 한 예다.

음악을 잘 아는 사람을 장악원 제조로 쓰려 했던 예로는 성종대에 장악원 제조를 지낸 성현成俔을 들 수 있다. 그는 음률音律을 잘 알았던 까닭에 제조로 천거되었던 것이다. 1493년(성종 24) 장악원 제조 유자광은 당시 경상도 관찰사로 근무하고 있던 성현을 추천했다. 악공이나 악생의 연주에 대해 시험을 볼 때, 장악원 제조가 음률을 꿰고 있어야 그들의 연주 실력을 분별할 수 있다는 이유에서였다. 이에 성현은 업무를 맡고자 경상도에서 한양으로 올라왔다. 유자광은 성종 앞에서 "경상 감사는 다른 사람이 할 수 있지만 장악원 제조는 성현이 아니면 불가능합니다"(『성종실록』 24년 8월 3일)라며 추천했다. 이러한 천거 원칙이 조선조 내내 유지되었음은 여러 기록을 통해 확인할 수 있다.

전악, 연주 지휘에서 악기 구입까지 도맡은 최고의 실력자

전악은 조선시대 궁중에서 음악 전문인으로 오를 수 있는 가장 높은 지위로, 품계는 정6품이다. 요즘 식으로 말하면 '음악감독'쯤 되는데 전악이 실제로 담당한 일은 다양했다. 먼저 가장 중요한 업무는 궁중의 여러 의례에서 음악감독의 역할을 수행하는 것이다. 각종 제사에 쓰이는 음악과 연향의 음악이 제대로 연주될 수 있도록 악공과 악생을 연습시킨 뒤 행사가 시작되면 절차마다 연주를 이끌었다. 악기는 물론 노래, 무용을 지도하기도 했다. 음악을 연주할 무대의 전체 배치도 전악이 주관했다. 악대가 음악을 연주할 때는 박拍으로 시작과 끝을 연주하는 집박악사執拍樂師의 역할을 맡기도 했다. 조선통신사가 일본으로 갈 때면 이들 가운데 전악 한 명이 반드시 동행해 음악감독 역할을 수행했다. 국상國喪이 있을 때에는 음악 연주를 하지 않지만 악대를 벌여놓고(진이부작陳而不作) 자리를 지키기도 했다. 중국에서 들어온 악기의 연주 전승이 잘 이뤄지지 않을 때면 그 기법을 배우러 떠나기도 하고, 악기 구입을 위해 중국에 다녀오기도 했다. 악기를 만들려고 좋은 재료가 있을 법한 곳을 여러 군데 물색하면서 다니기도 했다. 전악은 하는 일이 다양했을 뿐만 아니라, 담당한 일에 따라 명칭을 구분해서 부르기도 했다. 음악 연주에서 박을 담당할 때에는 집박전악執拍典樂, 궁중 행사 때 음악의 진행을 맡아 지휘할 때에는 집사전악執事典樂, 악기 제작 감독의 역할을 맡을 때는 감조전악監造典樂, 대오를 담당할 때에는 대오전악隊伍典樂이라 했다.

전악은 장악원 소속 관리로서 정직正職이 아닌 잡직으로 분류됐으며, 일정 기간이 지나면 은퇴했다. 극히 드물게 승진하는 사람도 있긴 했다. 전악으로 임명되기 전에는 대개 일종의 대우직待遇職인 가전악假典樂의 시기를 거쳤다. 가전악에서 전악으로 임명되기까지는 빠르면 2, 3개월 걸리지만 늦으면 30년이나 그 이상이 소요되기도 했다. 더러는 전악으로 낙점되지 못한 채 가전악으로 궁중 음악인의 생활을 마감하기도 했다.

수백 명에 달하는 궁중 음악인을 총괄하는 전악이라는 지위는

「도중행렬도道中行列圖」, 27.2×3738.0cm, 1711, 국사편찬위원회. 일본통신사행 중 전악의 모습이다.

궁중 소속이면서 음악 실력이 뛰어난 사람이라면 누구나 꿈꿀 수 있는 자리였다. 그렇지만 숫자가 극히 제한되어 있어 아무나 전악이 될 순 없었다. 쉽게 오를 수도 없으며, 많은 사람이 인정하는 실력의 소유자만이 맡을 수 있는 직위였다.

전악을 지낸 이후 은퇴를 하면 그 실력을 묵히지 않았다. 음악을 배우려는 이들을 가르쳤고, 민간의 음악 수요에 응하기도 했다. 어떤 때에는 궁에서 다시 불러들이기도 했다. 사맹삭四孟朔, 즉 봄·여름·가을·겨울의 첫째 달인 음력 1월·4월·7월·10월에 이들을 다

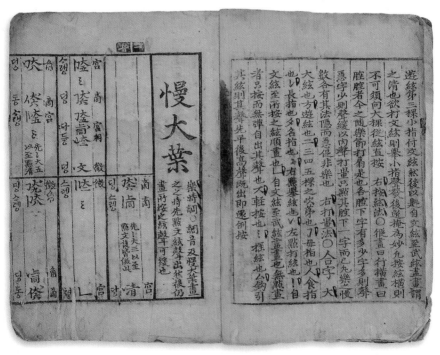

『양금신보』, 30.4×21.4cm, 1610, 문화재자료 제308호, 개인. 장악원 악사였던 양덕수가 임진왜란 때 고향 남원으로 피란 가서 펴낸 것이다.

시 뽑아 8, 9품 중 행직行職(품계는 높으나 직책은 낮은 벼슬)으로 임명해 궁중의 여러 행사에 투입했다. 평생토록 장악원에서 기예를 익힌 뛰어난 실력의 소유자들을 활용하기 위한 방책이었다. 그런가 하면 은퇴한 뒤 조용한 곳에 은거하면서 자신이 연주했던 음악을 악보로 만들거나 제자를 가르치기도 했다. 또 그 제자들 가운데에는 스승의 음악을 기록해 악보집을 남겨놓는 이도 있었다. 장악원의 전악은 어린 시절부터 음악활동을 시작해 은퇴 이후까지도 재능을 썩히지 않았고, 궁중에서 베풀어지는 여러 행사에 나아가 조선의 음악을 이끌었다.

악생과 악공, 박봉에 맹연습을 하다

악생과 악공은 조선 왕실에서 행사가 있을 때 실제 연주를 맡았던 음악 전문인이다. 각자 자신이 주 전공으로 하는 것 말고도 몇 가지 악기를 더 다루었다. 이 가운데 악생은 양인良人 중에서 선발하거나 악생의 자제로도 충당했는데, 이들은 아악과 일무를 담당했다. 또 악공은 공천公賤 출신으로 충원했으며, 향악과 당악을 맡았다. 양인 중에서 악공을 원하는 이들도 지원할 수 있었다.

그런데 조선시대 사람들은 악공과 악생을 힘든 업종 중 하나로 여겼다. 전쟁 때 흩어진 악공과 악생 가운데 다시 돌아오지 않은 이의 숫자가 많았던 것이 이를 방증한다. 실제로 악공과 악생의 숫자를 충원할 때에는 늘 어려움이 따랐고, 보통은 예정된 숫자를 채우지 못했다. 이런 경우 각 지방에 인원을 할당해 서울로 올려

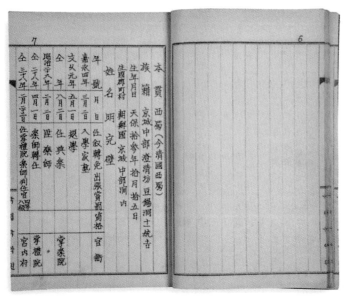

『장악원악원이력서掌樂院樂員履歷書』, 25.0×16.2cm, 20세기 초, 국립국악원. 1915년 당시 장악원 악원들의 이력을 적은 책이다.

보내도록 함으로써 빈자리를 메웠는데, 지역마다 충원에 많은 어려움을 겪었다. 이로써 볼 때 악공과 악생은 조선의 신분사회에서 좋은 직업으로 인식되지 않았던 듯하다.

체아직으로 있던 장악원의 잡직 관리는 나라에서 일정한 월급을 받는 공무원과 같은 녹관의 신분이지만 악생과 악공은 이와 달리 봉족제奉足制로 운영되었다. 다시 말해 신역身役으로 뽑혀간 사람에게 줄 비용을 그렇지 않은 사람이 대신 내는 방식이었다. 즉 몸으로 그 역을 담당하지 않는다면 비용을 부담하고, 그렇게 거두어들인 비용을 악공이나 악생에게 지급하는 것이었다. 당연히 그 비용이란 매우 적어서 악공이나 악생은 박봉을 받을 수밖에 없었다. 기록에 따르면 1723년(경종 3)에는 악공의 월급이 베 한 필이었

다고 한다.(『악장등록樂掌謄錄』 1723년 3월 25일)

이런 현실은 왕실 음악을 담당하던 연주자에게 음악에 대한 자긍심 같은 것을 심어줄 수 없는 요인이 되었다. 따라서 악공과 악생이 연주하는 제사와 연향 음악이 발전하는 데 걸림돌로 작용한 것도 사실이다. 맹자가 "항산恒産이 있어야 항심恒心이 있다"(『맹자』「양혜왕 상」)고 말한 것처럼 악공과 악생의 현실은 항심을 갖기 힘들게 했다. 이는 제도상의 문제였다. 왕실의 온갖 공식 행사에 참여해 쉽지 않은 연주를 감당하지만 극빈자의 삶을 면하기 어려웠던 것이다. 결국 이들은 궁중 음악 연주를 즐거운 마음으로 할 수 없었다. 장악원의 일을 기록한 『악장등록』에 악공의 처우 개선을 요구하는 상소가 유난히 많은 이유다.

이런 현실은 악공과 악생의 연습일을 『대전회통』『육전조례』 등 법으로 정해 보충할 수밖에 없게 했다. 좋은 음악을 연주하기 위해 반드시 필요한 것은 음악을 익히고 익힌 음악을 꾸준히 연습하는 일이기 때문이다. 이를 '음악 이습音樂肄習'이라 했다. 장악원 소속 악공과 악생의 정기적인 음악 이습은 이륙회 혹은 이륙좌기, 이륙이악식二六肄樂式이라 하여 한 달에 2·6일이 포함되는 엿새, 즉 2일·6일·12일·16일·22일·26일에 출근해 연습하는 방식으로 이뤄졌다. 물론 이런 연습은 최소한의 양만 말한 것이다. 이것 말고도 특별 행사가 있으면 더 많은 시간을 할애해 별도로 연습했다.

이륙회 같은 정기 연습일을 법전에 명기해놓은 것은 악공의 생업을 고려한 조치였다. 악공과 악생의 보수 실태는 최저생계비에도 못 미치는 수준이었기에 궁중 밖의 일을 하지 않으면 안 되었다. 이들은 전국 각지에서 서울로 소집되어 활동했던 터라 대개는 다

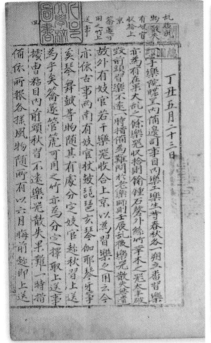
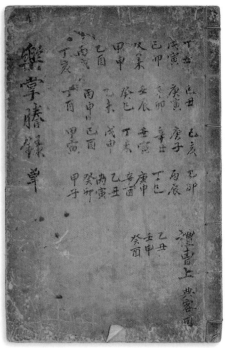

『악장등록』, 41.4×27.0cm, 1637~1753, 규장각한국학연구원. 양 난을 겪은 후 악기 제조, 악공과 악생 의 충원, 악인들의 신분과 생활상 등 장악원에서 일어난 주요 사건을 일기체로 기록했다.

른 집에 몸을 의탁해 살거나 태평관太平館, 왜관倭館의 공터 등 한 양의 오부五部 근처에 거적을 치고 사는 궁핍한 생활을 면치 못했 다. 따라서 이들은 평소 궁중 내에 특별한 행사가 없으면 민간에서 여러 용도로 쓰이는 음악을 연주했다. 즉 잔치나 행사 자리에 악공 과 악생이 동원되기도 했다. 이런 현장은 궁중 음악과 민간 음악이 만나는 지점이 되기도 했다.

악공과 악생은 정기적으로 실기시험을 치러야 했다. 『경국대전』 「예전禮典」 취재조取才條에는 이들의 시험 내용이 제시되어 있다. 시험은 음력 1월·4월·7월·10월에 정기적으로 치렀다. 악생은 아악과 문무·무무를, 악공은 당악과 향악을 시험 봤다. 이때의 당악과 향악이란 당악기와 향악기를 말한다. 당악기는 여민락령과 여민락만을 비롯해 보허자, 환환곡桓桓曲, 종묘제례악인 보태평 11성과 정대업 11성, 정동방곡 등의 곡이 시험 과목이었다. 향악기는 역시 여민락령과 여민락만, 진작眞勻, 낙양춘洛陽春, 자하동紫霞洞, 보태평과 정대업, 한림별곡翰林別曲, 헌선도獻仙桃, 보허자 등을 각각의 해당 악기로 시험을 치렀다. 당악과 향악 부분에 같은 악곡을 시험 보는 것은 동일한 악곡을 당악기와 향악기로 모두 연주하기 때문이다. 그 밖에 편종·편경 및 생황 계통의 악기인 생·우·화, 그리고 훈·지·금·슬 등의 아악기도 이따금씩 시험 과목이 되었다.

그런데 시험에 응시하려면 일정한 조건을 갖춰야 했다. 즉 3개월 내에 출근 일수를 30일 이상 채우지 못한 사람이나 제향, 연향 및 모든 예회禮會에 이유 없이 두 번 결석한 이는 응시 자격을 박탈당했다. 이륙회의 횟수만 보면 한 달에 기본적인 출근 일수는 6일이고, 석 달이면 18일밖에 되지 않는다. 따라서 3개월 안에 출근 일수 30일을 넘기려면 정기적으로 정해놓은 연습일보다 훨씬 더 많은 날수를 출근해 연주나 연습에 임해야 했다. 최소 한 달에 10일은 나와서 실력을 키워야 했다. 또 출근 일수가 많은 사람에게는 일정 기간이 지나지 않더라도 시험 치를 자격을 부여해 출근을 독려했던 사실도 알 수 있다.

이외에도 연말이 되면 낭청郎廳이 모여 악공과 악생의 기예를 시험했다. 낭청이란 실무를 맡은 관리로 정5품의 정랑正郎과 정6품의 좌랑佐郎을 말하는데, 이때의 시험에서 기예가 일정 수준에 이르지 못하면 그 결과를 전악에게 알리고 징계했다. 전악 1명이 악공과 악생 3명을 거느리고 당번이 될 때마다 사흘씩 돌아가며 숙직하면서 일과日課 때 배운 내용을 익히도록 했다. 이런 방법은 일종의 과외 수업이라고 할 수 있다. 악공과 악생이 저마다 기본적으로 지니고 있는 음악성이 달랐을뿐더러 똑같은 기간 동안 연마해도 개인차가 있었기 때문에 서로 실력 차가 나는 것은 자연스러운 일이다. 이러한 이유에서 실력이 일정하게 오르지 않는 사람은 특별히 관리하며 연습량을 늘려서 연주 실력을 키워놓았다. 이러한 방법은 1741년(영조 17)에 장악원 주부主簿 조영로趙榮魯가 제기해 정한 것이었다.

무동과 여기, 춤 실력자들의 역할

무동이란 궁중의 각종 행사에서 정재를 추는 남자 어린아이이며, 여기는 정재를 추는 여성을 말한다. 춤에 따라 무동만 추거나 여기만 출 수 있는 것도 있었다.

무동은 남자아이들이 담당하므로 남악男樂이라고도 한다. 보통 8세부터 14세의 소년을 뽑았다. 이들에게 음악과 춤을 연습시켜 일정한 재주를 이루면 종묘 제향을 비롯해 회례연 등의 연회에 투입시켰다.

세종대에 무동을 모집했던 방법과 과정을 살펴보자. 세종대에는 어린 사내아이 즉 동남童男 가운데 11세 이상 13세 이하로 용모가 단정하고 깨끗하며, 성품과 기질이 총명해 왕 앞에서 정재를 출 수 있는 사람을 가려서 뽑되 각 도에 일정 인원을 배당해 선발했다.

그러나 선발에는 어려움이 따랐다. 어린 나이에 부모 품에서 떠나고 친족과 멀어지면 악무를 익히는 것을 즐거워하지 않았기 때문이다. 이런 실정을 감안해 무동에 대해서는 여타 봉족俸足과는 어느 정도 차이를 두어 대우하기도 했다. 이들이 나이를 먹어 무동으로 역할하지 못하면 고향으로 돌려보냈지만, 그 가운데 음악을 잘 익혀서 악공이 될 자격을 갖춘 이에게는 장악원 연주활동에 투입시키도록 배려하기도 했다.

무동을 운영하는 데에도 늘 어려움이 따랐다. 그들이 얼마쯤 성장해 익숙해질 만하면 더 이상 무동으로 일할 수 없는 나이가 되었기 때문이다. 이런 어려움으로 인해 결국 1447년(세종 29) 무동을 뽑는 일이 혁파되기에 이르렀다. 이때 무동들 가운데에는 악공에 부속된 이가 있고 회례와 양로연, 사신을 연향하는 잔치 등 노래와 춤에 능한 무동을 골라 쓰기도 했다. 이후 무동의 역할을 악공이

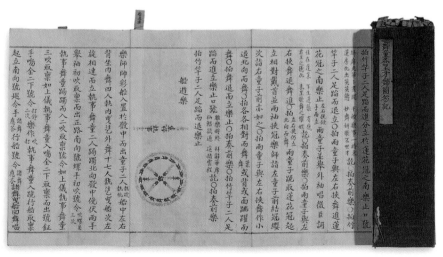

『무동각정재무도홀기』, 24.5×7.5cm, 연대미상, 국립중앙박물관. 무동의 정재 연습을 돕기 위한 기록이다.

맡기도 했으나 일정 시간이 지난 뒤 다시 무동이 여러 의례에서 정재를 담당하게 되었고, 이런 전통은 조선 말기까지 지속되었다.

여성 음악인인 여기는 여악이라고도 하는데, 주로 연향에서 악무를 담당했다. 그런데 궁중 연향에서 여악을 사용하는 일은 늘 문제가 되었다. 이는 조선시대에 성리학이 심화되는 역사와 궤를 같이한다. 왕실 연향에서 왕의 환궁 시 노상路上에서 베푸는 교방가요를 올릴 때, 중궁의 하례에서, 친잠례에서 악·가·무를 담당하던 여악은 큰 비중을 차지했다. 그러나 성리학이 지배 이념이 되면서 여악폐지론이 현실화되었고, 결국 남성이 주축이 되는 외연에서 여악을 사용하는 일은 인조반정(1623) 이후 폐지되었다. 그 밖에 맹인으로서 악기 연주를 담당한 관현맹인, 등가에서 노래를 담당한 어린 소년인 가동 등도 왕실 행사의 실제 연주자로서 중요한 역할을 했다.

조선시대 궁중에서 활동한 음악 연주자는 대부분 주체적 입안자의 입장이라기보다 객체적 공급자의 입장이었기 때문에 이들의 활동은 부수적인 위치의 소극적 범주에서 이뤄진 한계를 지닌다. 이런 현실은 조선 왕실의 음악인이라는 신분적 한계로 인해 드러난 현상이다.

＊ ＊ ＊

조선시대에 장악원 음악인들은 대부분의 의례에 참여해 왕실 음악을 담당했다. 왕실이 이들 음악인을 필요로 했던 이유는 예악정치를 구현하려 한 시대적 특수성에서 비롯되기도 했다. 예와 악은 상보적인 관계로, 서로 독립되어 실현되는 것이 아니라 어우러지는 개념이었다. 조선 왕실에서 행해지는 각종 전례에는 독립된 음악이 연행되었다. 의례를 행할 때 음악이 수반되는 것은 유가적 정치 지향을 추구하는 나라에서 당연한 것이었다. 이때의 음악은 "음악을 위한 음악"이 아닌 "의례의 일부"로서 기능한 것이다. 조선 왕실에서 행해진 갖가지 의례, 예컨대 『국조오례의』를 기준으로 할 때 200종이 넘는 의례에서 각종 음악이 연행된 것은 이런 이유에서였다.

물론 대규모 인원이 동시에 동원되었던 것은 아니다. 다시 말해 특정 의례에 정해진 악기 연주자와 춤추는 사람, 악기 반주자 등이 분배되는 방식이었다. 예를 들어 종묘제례를 행할 때면, 성종대를 기준으로 볼 때 등가악대에 37인, 헌가악대에 70인의 악공이, 일무에는 문무와 무무 각각 36인씩이 동원되어 총 179명의 악인이 음악과 일무를 담당했다. 거기에 더해 종묘제례를 행하기 위해 왕의 거가車駕가 궁을 나가고 돌아오는 거가출궁車駕出宮, 거가환궁車駕還宮에 수반되는 악대의 인원까지 고려한다면 종묘제례 하나만 해도 수백 명의 음악인이 동원되는 구조다.

왕실의 의례가 이러한 구조로 행해졌기 때문에 착오 없이 진행되는 일은 결코 간단치 않았다. 결국 조선시대 예악정치를 구현하는 데 있어 장악원의 역할은 매우 중요했다고 할 수 있다.

9장

관상감,
하늘에 관한 지식과 일을 다룬 전문가 집단

문중양 서울대 국사학과 교수

'관상감觀象監'은 우리 귀에 익지 않은 이름이다. '상象'을 '하늘의 이미지', 즉 천상으로 이해하면 천상을 관측하는 일과 관련된 전문 부서임을 짐작할 수 있다. 아주 가끔 드라마에 관상감과 그 관원이 등장하는데, 일식이 일어났을 때 하얀 소복을 입고 하늘에 죄를 비는 의례인 '구식례救食禮'를 행할 때 바로 관상감에서 주관하는 것을 볼 수 있다. 관상감이란 어떤 일을 하던 부서였을까.

창덕궁 밖 운현에 위치하다

고려시대에 '서운관書雲觀'이라 불리던 부서가 있었다. 고려 초기의 태복감과 태사국이 1308년(충렬왕 34)에 합쳐져 생겨난 것이었다. 조선시대에 들어와 1466년(세조 12) '관상감'으로 확대 개편되었다. 이처럼 이름이 바뀌었는데도 '서운관'이라는 명칭은 사람들의 뇌리에서 오래도록 떠나지 않았다. 관상감 관원을 선발하는 과거를 서운관의 '운' 자를 따서 '운과雲科'라 불렀고, 1818년 관상감의 연혁과 업무 및 운영에 대해 편찬한 책의 제목을 350여 년 전 이름을 따서 '서운관지'라 붙였다. 조선시대 정부

일영대

「도성도」,『여지도』, 종이에 채색. 31.5×21.6cm, 보물 제1592호, 규장각한국학연구원. 조선시대 관상감은 초기
에 경복궁 궐내각사에 있었다가 후기에 창덕궁 금호문 앞에 본관이. 경희궁 남쪽에 별관이 있었다. 지도에 '일영대
'라고 표시된 곳이 관상감 자리다.

내 전문 부서로 최고의 권위를 지녔던 관상감은 1894년 갑오개혁 때 근대식 기상관측소인 '관상소'가 생겨나면서 폐지되었다.

조선 초기 관상감의 본청은 경복궁 궐내각사 구역에 있었다. 현재 경회루와 국립고궁박물관 사이에 있는 넓은 공간이 경복궁 안의 정부 내 전문 부서들이 있던 구역이다. 일제강점기에 헐어버리고 난 뒤 현재까지 복원되지 않았다. 이 구역에 관상감의 본청 건물과 관상감의 부속 시설이라 할 수 있는 보루각, 즉 물시계인 자격루를 설치했던 누국이 있었다. 이 관상감 본청과 누국은 임진왜란 때 경복궁이 전소되면서 없어졌고, 이후 창덕궁을 재건하는 과정에서 금호문 바깥에 관상감 본청을 두었으며, 경희궁 개양문 밖에 별관을 두었다. 본청이 있던 곳은 현재 창덕궁의 서쪽 금호문을 골목 하나를 사이에 두고 현대원서공원과 현대건설 사옥이 자리한 곳이다. 지금은 고층 건물이 생기면서 땅을 파헤쳐 이곳이 고개였는지도 모를 정도로 지형이 바뀌었지만, 서운관이 있던 고개라 하여 '운현雲峴'이라 불렀었다. 고종이 나서 자란 곳, 즉 흥선대원군의 집으로 안국역 길 너머에 있는 '운현궁'의 이름은 이 운현에서 비롯되었다.

창덕궁 금호문 앞의 넓은 언덕에 자리잡은 관상감 본청에는 각종 관측 시설과 부속 건물들이 설치되어 명실상부한 종합적인 국립 천문대 역할을 했다. 율곡로에서 차를 타고 가다보면 현대건설 사옥 바로 앞에 서 있는 '관천대'는 '소간의'와 같은 관측기구를 설치하고 천문 현상을 관측했던 천문대였다. 국보급 역사 유물이 현대식 고층 건물에서 손을 뻗으면 닿을 거리에 초라한 꼴로 불안하게 서 있다. 창덕궁을 찾는 외국인들이 지나면서 볼 텐데 우리 문

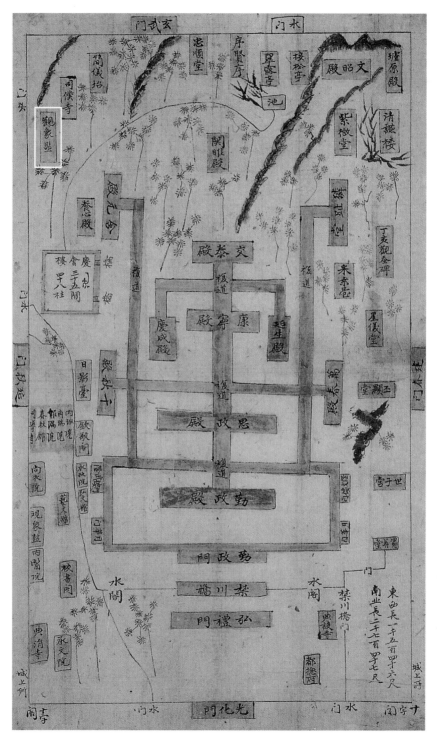

「경복궁도」, 종이에 엷은색, 61.4×36.6cm, 조선 후기, 서울역사박물관.
상단 왼쪽에 관상감이 위치해 있다.

「동궐도」 중 관상감의 천문기상 관측 시설이 있던 관천대 자리.

화 수준의 민낯을 그대로 드러내는 듯해 안타깝다. 그 외에도 본청 구역 안에는 천문도를 보관했던 흠경각이 있었고, 해시계인 일구대와 강우량 측정 기구인 측우대를 설치했었다. 또한 천문관원 집단들이 업무를 수행하던 건물로 천문직려, 삼력청, 추길청, 일과청, 관청, 그리고 역서를 인쇄하던 인력소와 인출소 등이 있었다.

천문·역산에 해박한 이들의 조직 위계

관상감은 의례와 제도를 주관하던 예조 소속의 전문 부서로 천문학, 지리학, 명과학의 세 부서와 부속 기관인 금루청으로 구성되었다. '금루청'이란 물시계를 관리 운영하면서 시보를 전담하던 부서였다. '천문학'은 역법의 계산과 역서 편찬, 그리고 천문 관측활동과 구식례 등을 맡는 부서였다. 천문학 분야가 관상감의 핵심 업무였기에, 관원 대부분은 천문학 부서에 속했다. '지리학'은 요즘의 풍수지리로 건물과 묏자리 등을 고르는 일을 맡았으며, '명과학'은 정부 안에서 치르는 모든 의례의 날짜와 시간을 흉한 날을 피하고 길한 날을 골라서 정하는 일을 맡았다. 현대 과학의 시선으로 보면 관상감은 천문학 활동만 했던 게 아니라 비과학적인 풍수지리와 점복활동도 한 셈이다.

관상감의 총책임자는 영의정이었다. 영의정은 '영관상감사'라는 직책을 맡았지만 실질적인 업무는 거의 하지 않았던 듯하다. 영관상감사 밑에 종2품의 당상관 문신 가운데 천문역산에 해박한 두 명의 '제조'를 두어 관상감을 관리·감독하도록 했다. 천문학적 학식을 지닌 문신은 관료생활 내내 관상감 제조를 지내는 편이었다.

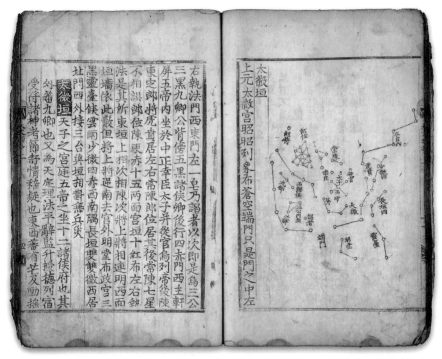

『천문유초天文類秒』, 이순지, 31.0×21.0cm, 조선시대, 국립민속박물관. 세종 때 승지로 있던 이순지가 왕명으로 편찬한 책이다. 관상감 관원으로 천문학을 담당할 인재를 뽑을 때 이 책을 암송하도록 했는데, 특히 상권에는 별자리에 관한 내용이 담겨 있다.

정조대의 서호수와 헌종·철종대의 남병철, 남병길 형제가 그러했다. 그들은 천문 관원들의 학습서를 집필할 정도로 수준 높은 천문학 지식을 지닌 문신들로서 관료생활 내내 관상감 제조를 지내며 천문학 프로젝트를 도맡아 수행했다. 그렇지만 문신들 중에는 천문역산에 해박한 자가 많지 않았기 때문에 간혹 천문학에 문외한인 이들이 제조를 맡기도 했다. 즉 영관상감사와 제조 두 명은 문과 출신의 문신들로 천문학 전문가는 아니었다고 할 수 있다.

관상감 관원들은 이처럼 영관상감사와 제조의 지휘를 받으며 실

「동궐도」 중 금루각이 있는 자리. 금루각은 물시계인 자격루가 설치되어 있던 건물이다.

질적인 업무를 수행하는 여러 직위의 관원들로 구성되었다. 장관은 정3품 당하관인 '관상감정'이었다. 관상감에는 이 정 1명부터 종9품의 '참봉'에 이르기까지 녹봉을 받고 특정한 임무를 띤 30여 개의 '녹관직' 자리가 있었다. 이 자리는 관상감의 행정과 운영을 책임지는 '동반체아직'과 녹봉만 받고 직무는 없는 일종의 무임소 직인 '서반체아직'으로 나뉘었다. 아울러 행정 및 운영 임무와 달리 관원의 교육과 선발의 임무를 지닌 동·서반의 '실녹관직'이 있었다. 종6품의 '천문학교수'와 정9품의 '천문학훈도' 등이 실녹관직 관직이었다. 이렇게 특정한 임무를 부여받는 녹관직 관원은 관상감 관원들이 돌아가면서 맡았다. 동반체아직은 임기 6개월마다 교체되었고 원칙상 연임할 수 없었다. 후임자는 1년에 2회의 취재시험을 쳐서 가장 우수한 성적을 받은 이로 선발했다. 이에 비해 교육 업무를 맡는 천문학교수 등의 실녹관직은 임기가 30개월 또는 45개월로 길었으며, 종5품 판관 이상의 경력자 가운데 추천을 받아 임명했다.

그런데 여기서 말한 30여 자리가 관원의 전부는 아니었다. 녹관직은 행정과 교육 및 시험을 주관하며 일정 기간 업무를 수행하면서 녹봉을 받는 자리 수에 불과했다.

관천대, 보물 제851호, 1688, 창경궁.

[표 1] 관상감의 녹관직

직품	동반체아직	서반체아직	동반실녹관직	서반실녹관직
정3품당하	정正 1			
종4품	첨정僉正 1			
종5품	판관判官 1	부사직副司直 1		
종6품	주부主簿 1	부사과副司果 2+	천문학교수 1 지리학교수 1	천문학겸교수 1 명과학겸교수 1
종7품	직장直長 1	부사정副司正 3		
종8품	봉사奉事 1	부사맹副司猛 2		
정9품	부봉사副奉仕 1		천문학훈도 1 지리학훈도 1 명과학훈도 1	천문학체아교수 1 명과학체아교수 1
종9품	참봉參奉 2	부사용副司勇 3		
합	9	11+	5	4

관상감에는 이보다 훨씬 더 많은 수의 관원이 소속되어 있었다. 천문학 부서에만 130명이 넘었는데, 이들은 평상시에는 학습을 하다가 운영 및 교육 이외의 관상감 업무를 태스크포스식으로 부여받아 일을 했다. 이처럼 많은 수의 관원은 업무를 수행할 수 있는 자격의 등급에 따라 여러 집단으로 나뉘었다. 가장 상위의 고위 집단으로 '삼력관三曆官'이 있고, 그 밑으로 '수술관'과 '추보관'이, 그다음으로 '별선관'과 '총민'이, 가장 하위로는 '전함'(또는 생도)이 있었다.

관상감의 최고위 집단인 삼력관은 30명(한때 35명)이 정원으로, 조선 초기에는 없다가 시헌력을 시행하기 시작한 17세기 이후에 생겨난 듯하다. 삼력관에 한번 선발되면 은퇴하기 전까지 종신으로 직위를 유지했다. 삼력관은 결원이 발생했을 때에만 충원하는 방식으로 하위 집단인 수술관 중에서 엄격한 시험을 거쳐 선발했는데, 과거 합격자가 아니면 자격이 주어지지 않았다. 관상감을 대표

[표 2] 조선 후기 관상감의 위계적 관원 집단

천문학天文學	지리학地理學	명과학命課學
삼력관三曆官(30)	상지관相地官	추길관諏吉官(7)
수술관修述官(6)	상례관相禮官	수선관修選官(6)
추보관推步官(10)		
별선관別選官(30)	별선관(10)	별선관(10)
총민聰敏(10)	총민(2)	총민(2)
생도生徒(40)	생도(10)	생도(10)
약 130명	20명 내외	35명 내외

하는 관직인 동반체아직 중 고위직과 교수 등의 실녹관직은 주로 이들 삼력관이 도맡아 했다. 녹관직을 부여받지 않은 삼력관들 중 24명은 매해의 시헌력서 편찬 업무에 차출되었다. 또 연중 여러 차례 보내는 북경 사신행에 부연관으로 차출되는 특권을 누리기도 했다. 한편 간혹 벌어지는 구식례의 주관도 삼력관 중에서 맡아 했다. 결국 30명 정원의 삼력관 관원은 이처럼 관상감의 중요한 업무들에 뽑혔기 때문에 업무 없이 학습하면서 시간을 보내는 경우는 거의 없었다.

삼력관 바로 밑의 하위 집단인 수술관은 일월식 계산을 전담하던 관원들이었다. 삼력관원은 이들 수술관 중에서 뽑았기 때문에 삼력관이 되기 위해서는 일정 기간 수술관으로 일을 해야 했다. 이들에게는 훈도와 체아교수직이 주어졌다. 수술관 밑으로는 10명 정원의 추보관이 있었다. 그중 4명이 차출되어 보조 역법이었던 '칠정산'을 계산하고 편찬하는 업무를 수행했다. 추보관 밑으로는 전담 업무 없이 잡다한 일에 차출되어 업무를 돕던 별선관과 총민 등이 있었다. 일정한 녹봉도 없이 천변재이가 발생했을 때 차출

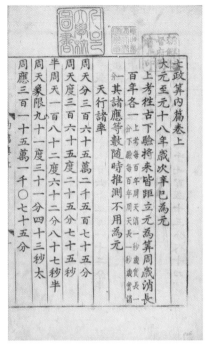

『칠정산내편』, 1442, 규장각한국학연구원.

되어 관측활동에 동원되는 등 보조 업무를 하던 이들 하위 집단
은 관상감의 대부분을 차지하던 관원들로 130여 명의 천문학 관
원 중 80여 명이나 되었다.

역서 제작에서
천변 현상에 대한
측후활동까지

관상감에서 수행하던 업무 내용을
알아보자. 자료가 비교적 잘 전해오
는 천문학 부서만 살펴본다.

첫째로 역서曆書 편찬과 간행 업무를 들 수 있다. 천문학 부서의

업무 중 가장 중요한 일이며 관상감의 상징적인 업무이기도 했다. 우리는 역서를 보통 책력이라 부른다. 30쪽 내외의 분량으로 1년의 날짜와 절기의 시각, 그리고 날짜별로 길흉을 적은 역주가 주요 내용이다. 역주 내용을 제외하면 요즘의 달력과 같다고도 할 수 있다. 이렇게 1년의 날짜와 날짜별 길흉을 주 서술 내용으로 하는 책력은 '일과력'이었다. 물론 관상감에서 간행한 역서 중 99퍼센트를 차지했고, 관료와 일반인들에게 널리 배포된 대표 역서였다. 이 외에도 역서는 여러 가지가 있었다.

역서는 크게 매년 간행하는 연력年曆과 10년, 100년 단위로 간행하는 장기력長期曆으로 나뉜다. 위에서 말한 일과력이 바로 매년 간행하는 연력을 대표한다. 연력에는 일과력 말고도 '칠정력'이라는 것이 있었다. 일곱 개의 천체, 일월과 오행성의 천체 운행 도수 데이터를 자세하게 담은 역서다. 요즘의 천체력astronomical ephemeris이라고 할 수 있다. 이러한 칠정력은 몇 부 찍지 않았다. 왕과 세자에게 바칠 것과 관상감 보관용으로 아주 소량만 찍었을 뿐이다. 장기력으로는 10년 단위의 백중력과 100년 단위의 천세력을 들 수 있다. 한편 계산법에 따라서 시대별로 역서도 달랐다. 조선 초의 '칠정산'으로 계산한 역서가 『대통력서』다. 조선의 역법은 초기의 '칠정산'에서 1654년 이후 '시헌력'으로 바뀌었다. 그래서 조선 후기의 역서는 『시헌력서』다. 그런데 『시헌력서』가 정통이었지만 『대통력서』도 보조 역서로 소량 편찬했다.

관상감의 고위직 관원들은 이러한 역서를 매년 편찬하는 데 차출되어 1년 내내 이 일에 매달려 작업했다. 삼력관 중에서 24명이 차출되었고, 12명씩 나뉘어 시헌일과력과 시헌칠정력을 각각 맡아

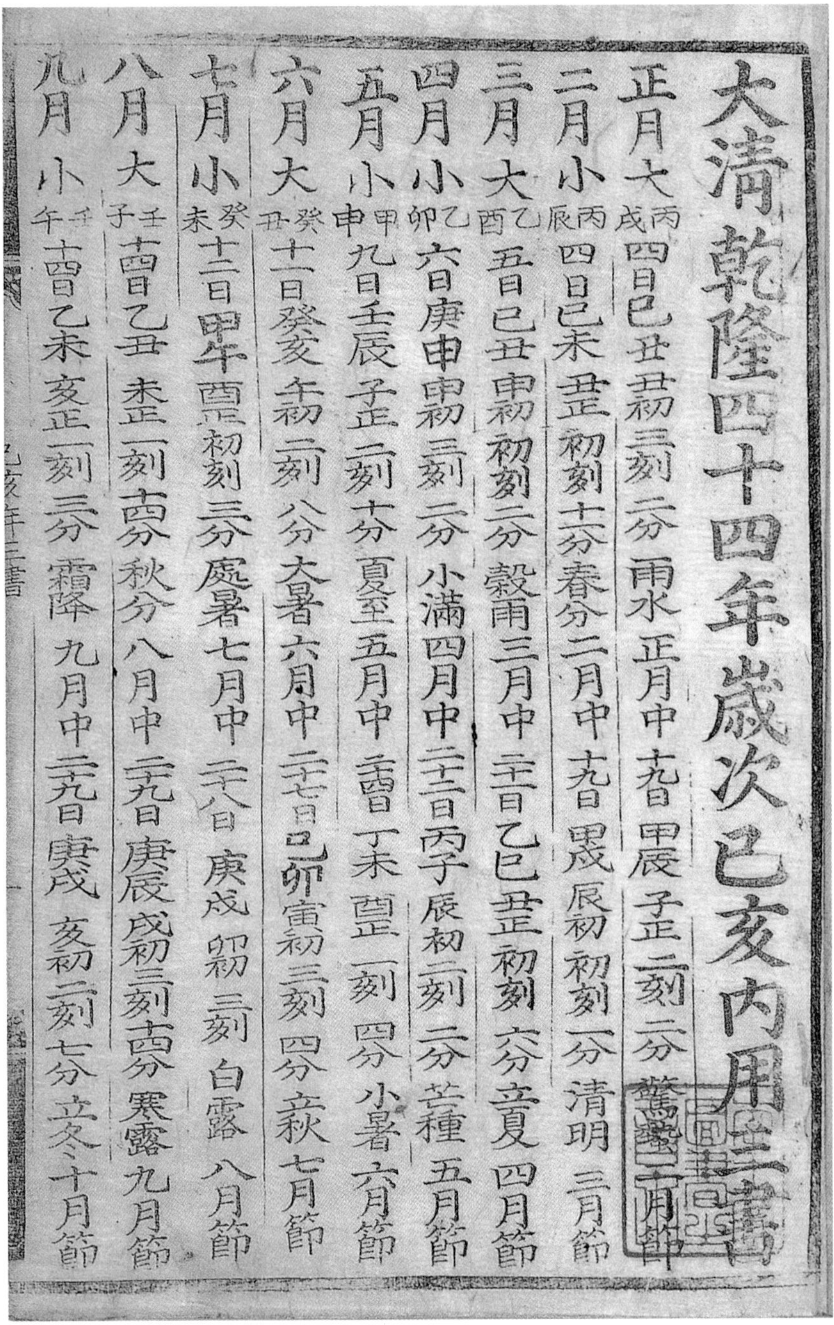

大淸乾隆四十四年歲次己亥內用三書
正月大丙戌 四日己丑丑初三刻二分雨水正月中 十九日甲辰子正二刻二分驚蟄二月節
二月小丙辰 四日己未丑正初刻十六分春分二月中 十九日甲戌辰初初刻一分淸明三月節
三月大乙酉 五日己丑申初初刻二分穀雨三月中 二十日乙巳丑正初刻六分立夏四月節
四月小乙卯 六日庚申申初三刻二分小滿四月中 二十二日丙子辰初一刻二分芒種五月節
五月小甲申 九日壬辰子正一刻十分夏至五月中 二十四日丁未酉正一刻四分小暑六月節
六月大癸丑 十一日癸亥午初二刻八分大暑六月中 二十七日己卯寅初三刻四分立秋七月節
七月小癸未 十二日甲午酉正初刻三分處暑七月中 二十八日庚戌卯初三刻白露八月節
八月大壬子 十四日乙丑未正一刻十四分秋分八月中 二十九日庚辰戌初三刻十四分寒露九月節
九月小壬午 十四日乙未亥正一刻三分霜降九月中 二十九日庚戌亥初二刻七分立冬十月節

己亥年三書

『내용삼서內用三書』, 35.5×23.3cm, 1769~1796, 한국학중앙연구원 장서각.
조선 후기 왕실에서 사용하던 역서로 일반인들이 사용했던 시헌력서에 비해 더욱 구체적이고 세밀하다.
달력의 기능을 갖췄음은 물론이고, 택일이나 길흉을 알아보는 데에도 편리했다.

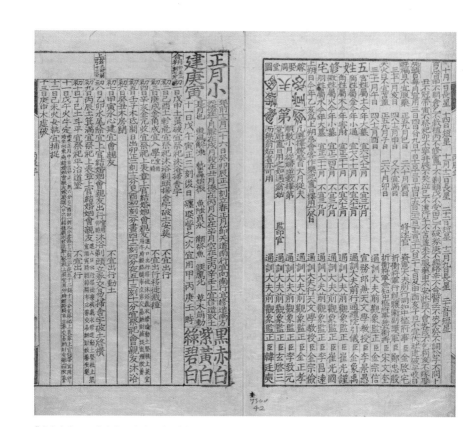

『시헌력서』, 규장각한국학연구원. 시헌력 제작에 참여한 천문관원들의 명단이 나와 있다.

편찬했다. 추보관 중에서 4명을 차출해 보조 역서인 『대통력서』 편찬 업무를 맡겼다. 시헌일과력의 경우를 말하자면, 역서 편찬을 맡을 관원들은 그 전해 10월 초에 차출되어 거의 1년 동안 작업을 수행한 뒤 이듬해 동지 무렵에 작업을 마쳤다. 4명이 한 조가 되어 한 계절씩 계산했고, 4월 초부터 순차적으로 인쇄에 들어가 동지 전에 끝냈다.

역서 간행은 관상감이 해야 할 어려운 업무였지만, 관상감 운영

大清嘉慶元年歲次丙辰時憲書

正月小戊申十一日癸亥正三刻三分雨水正月中二十六日癸酉寅初二刻驚蟄二月節

二月大丁丑十二日戊午卯初初刻六分春分二月中二十七日癸卯巳初初刻六分清明三月節

三月小丁未十二日戊午酉初三刻四分穀雨三月中二十八日甲戌寅正三刻四分立夏四月節

四月小丙子十四日己丑酉正一刻三分小滿四月中

五月大乙巳初一日乙巳卯初刻十分芒種五月節十七日辛酉寅初一刻一分夏至五月中

六月小乙亥初二日丙戌正三刻十分小暑六月節十八日壬辰未正二刻一分大暑六月中

『시헌력서』의 첫 페이지.

에 절대적으로 필요한 재정적 수익 사업이기도 했다. 역서를 판매해 운영에 필요한 예산을 확보했을 뿐만 아니라 이로써 관원들의 급료를 대신하기도 했기 때문이다. 조선 초기에 역서 간행 부수는 고작해야 5000부에 불과했다. 그런데 언제부터인가 그 수가 급격하게 늘어나더니 18세기 말 정조대에 이르러서는 30만 부를 넘었다. 이는 당시 인구 22명에서 25명당 한 부씩 돌아갈 만한 분량이었다. 4인 가족으로 치면 5~6가구당 한 부씩 배포된 셈이다.

물론 간행한 역서의 상당 부수는 고위 관료들과 각종 부서, 그리고 지방 관아에까지 널리 배포했다. 이렇게 돌리고 남은 85퍼센트 정도의 역서는 관상감 사건私件이라 하여 자체적으로 처리할 수 있었다. 이에 관상감에서는 재정 확보를 위해 일부는 판매했으며, 관원들에게도 직급에 따라 차등 있게 나눠주었다. 1795년의 기록에 따르면 삼력관 중 당하관에게는 1800부, 당상관에게는 2400부를 주었다. 1791년 기록에는 추보관에게 1000부를 주었다고 한다. 관상감 관원들은 각자 확보한 역서를 시중에 내다 팔았는데, 시중 가도 발행 부수에 따라 변동할 만큼 시장 가격이 형성되어 있었다. 종이 수급 상황에 따라 판매가가 달라졌음은 물론이다. 매년 발행 부수가 바뀌었던 것은 이처럼 그해의 역서 가격을 예상하고 나온 계산 때문이었다.

관상감 천문학의 둘째 업무로 일식과 월식의 예보 및 구식례를 들 수 있다. 예부터 일식과 월식은 천변재이로서 땅의 세계를 주재하는 하늘이 왕에게 내리는 경고로 받아들여졌다. 그중에서도 태양이 빛을 잃는 일식은 심각한 천변으로 국왕이 신중하게 근신해야 하는 사건이었다. 일식이 일어날 것을 예견하고, 일식이 일어날 때 죄인의 자세로 하얀 소복을 입은 채 무릎 꿇고 하늘에 자신의 죄를 비는 의식을 행하는 것은 하늘을 무서워하며 백성을 위한 정치를 펼치는 성군의 의무였다. 그런 까닭에 일식을 정확히 계산해 낼 수 있는 역법의 수립은 국왕 권력의 안정적인 유지를 위해 절대적으로 필요했다. 따라서 천문 관원의 임무 중 역서 편찬 다음으로 중요한 업무였다고 할 수 있다. 이러한 일월식 계산은 본래 삼력관과 추보관이 맡았다가, 1770년에 수술관 제도를 만들어 전담하도록 했다. 계산 결과 일식이 예견되면 5개월 전부터 왕과 세자에게 보고해야 했다. 또한 7일 전에 재차 보고하며 구식례를 준비했다. 당일에는 분초까지 정확하게 다투어 구식례를 거행하는데, 궐내의 대전과 세자궁은 물론이고 서울과 지방 관서에서도 등급에 맞게 이를 거행하는 것이 원칙이었다. 구식례의 주관은 삼력관들이 거의 도맡아 했다.

그다음으로 중요한 업무를 들자면 천변 현상에 대한 측후활동이 있다. 보통 객성이나 혜성과 같은 평소에 없는 변칙적인 천문 현상이 일어날 때 수행하는 관측활동을 말한다. 이러한 천변은 언제 일어날지 모르기 때문에 그날 당직 관원들이 일상적으로 책임지고 관측해야 할 사안이다. 매일 한순간도 놓치지 않고 하늘을 관측하는 일이었기 때문에 3명이 한 조가 되어 3일 동안 교대하며 근무하는 것이 원칙이었으며, 따분하면서도 어려웠던 이런 측후활동은 하위직의 전함이 맡는 것이 일반적이었던 듯하다. 측후 결과는 해진 뒤와 아침의 통근 해제 뒤 두 번 보고해야 했다. 만약 천변 현상이 매우 중요한 사안이라면 발견 즉시 상번이 승정원이나 시강원에 보고하고, 중·하번은 삼정승과 관상감 제조에게 보고했다.

이러한 천변이 장기화된다면 '성변측후청'을 임시로 설치하고 고위직 관원이 차출되어 특별히 측후를 책임지도록 했다. 현재 이러한 천변 측후의 보고 기록이 「성변측후단자」로 남아 있어 조선시대 관상감에서의 생생한 천변 측후의 상황을 살펴볼 수 있다.

조선의 천문역산가들

이처럼 조선시대 관상감의 천문학 부서에서 일하던 관원들을 일컬어 현대의 천문학자에 비견되는 '천문역산가'라 부를 수 있을 것이다. 그렇다면 이들의 사회적 지위와 지적 수준은 어땠을까? 요즘의 천문학자로 볼 수 있을까?

조선 초기에는 지적으로 권위를 지닌 천문역산가 집단이 아직 형성되지 않았던 듯하다. 개인적으로 능력이 뛰어난 몇몇 천문역산가가 있었을 뿐이다. 사회적 지위와 지적 수준이 낮은 고려 말의 잡학인 출신이 관상감 관원의 대부분을 차지했기 때문에 수준 높은 국가적 사업의 천문학 프로젝트를 관상감이 책임지고 수행하기는 힘들었던 듯하다. 눈부신 성취를 이뤄낸 세종대의 유명한 천문학 프로젝트를 관상감에서 전담해서 수행하지 않고 일종의 태스크포스팀을 꾸려 이뤄졌던 것이 이러한 사실을 짐작케 한다. 우리에게 잘 알려진 '칠정산'이라는 15세기 당대 세계 최고 수준의 역법을 확립하는 프로젝트를 정인지와 이순지라는 문신이 어려운 수학과 천문학을 공부해가면서 주도했었다. 또한 혼천의와 간의, 그리고 자격루와 앙부일구 등의 과학 기구 창제 프로젝트를 무신으로서 무기 제조의 전문가였던 이천의 책임하에 금속 제련 전문가였

앙부일구, 지름 24.3cm, 높이 10.0cm, 보물 제845호, 18세기, 국립고궁박물관.

던 노비 출신의 천민 장영실이 주도해서 눈부신 성취를 냈던 것이다. 세종을 비롯해 그 이후 조선 전기의 국왕들은 관상감의 천문학 업무를 수행할 전문가들을 육성하기 위해 많은 정책을 펼쳤지만 큰 성과를 보지는 못했다. 음양과라는 잡과에 합격한 중인 천문역산가 집단이 형성되는 데에는 세월을 좀더 기다려야 했다.

부족했던 천문역산의 전문가 집단은 조선 후기에 이르러 점점 더 틀을 갖춰나갔다. 가장 큰 제도적 장치는 과거였다. 음양과(또는 운과)로 불린 관상감 관원을 뽑는 잡과가 이미 태종 때인 1401년에 확립되어 1894년 과거를 폐지할 때까지 500년 동안 합격자를 배출했다. 3년마다 치르는 식년시와 임시 시험인 증광시가 있었고, 최종 합격자로 천문학에 5명, 지리학과 명과학에 각각 2명의 정원을 두었다. 장원급제자는 종8품의 품계를 받았다. 조선 전기에 몇 명의 합격자가 나왔는지는 모르지만, 1713년에서 1885년 사이의 합격자 기록을 남긴 「잡과방목」에는 831명의 합격자에 대한 상세한 기록이 남아 있다. 그중 대부분이 천문학자였다. 이들 음양과 합격자는 세월이 흐르면서 전문가 집단을 형성해갔다. 특히 천문학의 명가가 생겨났고, 그들끼리 결혼하면서 자신들만의 집단을 만들어나갔다. 이들의 사회적 지위도 매우 높아져서 관습적으로 양반 사족의 밑이었지만 중하위 양반 사족보다 사회적 파워가 높다고 할 수 있을 정도였다. 중인층 관원들 중에서도 천문관원들의 신분은 상승해, 국초 잡과를 설행한 이후 영조대 이전까지 음양과는 등급이 역과와 의과 다음이었는데, 영조 때인 1773년에 잡과 중 첫째 등급 자리를 차지했다.

이 천문역산가들은 사회적 지위가 상승했을 뿐만 아니라 지적 능력도 그에 부응해서 높아졌다. 17세기 이후 조선 정부는 서양식 역법인 시헌력을 들여와 학습하고 토착화시키는 기나긴 프로젝트를 추진했는데, 이들 중인층 천문역산가가 주도해서 큰 기여를 했다. 물론 문신인 관상감 제조들이 감독을 했지만 프로젝트를 이끌어나가며 중요한 문제들을 해결하고 성취를 내게 한 일등 공신은 이들이었다. 허원, 안국빈, 안국린, 안중태 등이 혁혁한 활동을 하며 이름을 남긴 유명한 중인층 천문역산가다. 이들은 북경에 사신단이 갈 때마다 따라가서 최신의 천문역산학 서적을 어렵게 구입해 들여오는 임무를 수행했으며, 북경 체류 기간 동안 간혹 천문학 전문가들을 만나 어려운 문제를 풀어오기도 했다. 현재 규장각에 남아 있는 시헌력 관련 천문학 분야의 방대한 중국 서적들은 이들이 어렵게 구해온 것이다. 이들은 귀국 후에는 구입해온 천문학 서적을 마스터하기 위해 피나는 학습을 했고, 그 결과 18세기 중엽에 이르면 시헌력 체제를 완벽하게 소화해, 역법의 자립이라는 쾌거를 이뤄낸다.

10장

사역원,
화려한 외국어 실력의 소유자들

정승혜 수원여대 비서과 교수

외국어 통·번역을
담당한 전문 부서

한반도는 유라시아 대륙 동북단에
위치해 지정학적으로 대륙으로부터
많은 인구 이동이 있었으며 침략이

잦았고, 그에 따라 다른 나라 문화가 끊임없이 유입되었다. 특히
고대에 고도의 문명을 일구었던 중국과의 접촉으로 인해 일찍부터
중국어와 한자를 배웠으며 삼국시대에는 한문으로 자국의 역사를
기록할 정도였다. 중국어를 기반 삼아 한자로 기록된 한문은 우리
말과 문법 구조가 다른 까닭에 이로써 고대의 우리 언어를 기록하
는 데에는 큰 어려움이 따랐고, 이에 한자를 빌려서 기록하는 차
자借字 표기법을 발전시켜왔다.

또 유라시아 대륙 동북부에는 교착적 문법 구조를 가진 다른 언
어들이 있어서 이들과 접촉할 때에도 그 언어들을 배우지 않을 수
없었다. 한반도 북쪽까지 내려와 살던 여진족이나 몽골족의 원元,
만주족 청淸과의 접촉으로 인해 고려와 조선에서는 여진어, 몽골
어, 만주어를 구사할 줄 아는 역관이 필요했다. 뿐만 아니라 바다
를 사이에 둔 일본과 교류할 때에도 일본어는 필수로 익혀야 했다.

사역원司譯院은 고려와 조선시대에 외국어 통역 및 번역에 관한

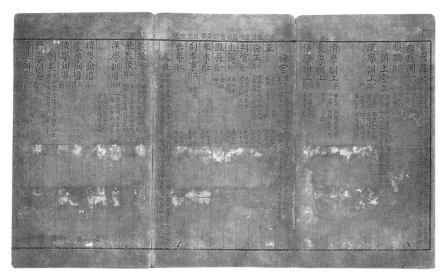

『통문관안』, 16.0×27.0cm, 조선 후기, 국민대박물관. 통문관은 사역원의 별칭으로, 통문관에 관련된 관직명과 관원의 명단을 품계 순서에 따라 정리해놓았다.

일을 관장하기 위해 설치되었던 관청이다. 삼국시대와 고려시대에는 대외관계가 활발하게 이뤄졌기에 역학譯學과 그 교육도 성행했으리라 추측되지만 관련 기록이 빈약해 자세한 내용을 파악하긴 어렵다.* 다만 1276년(충렬왕 2)에 처음으로 통문관通文館을 설치해 한어漢語를 습득하게 했으며, 뒤에 사역원을 두고 역어譯語를 관장했다는 기록이 있다. 그리고 고려 말인 1389년(공양왕 1) 십학十學을 설치해 사역원에 이학교수吏學敎授를 두었다고 한 것으로 보아, 이때 설치되어 역학 및 이학 교육을 담당한 듯하다.

---

* 외국어 교육을 위해 조선은 건국 초부터 고려 말에 설치된 사역원을 다시 설치하고 한어漢語(중국어), 몽골어, 일본어, 여진어(훗날 만주어로 교체)를 교육했는데, 이를 위한 외국어 교육 연구를 '역학譯學'이라 불렀다.

『통문관지通文館志』에 따르면 사역원은 한성 서부 적선방에 있었으며, 형조·병조와 담장을 맞대고 있었다고 한다(종로구 적선동과 도렴동都染洞에 걸쳐 있었다). 규모는 동서 23칸, 남북 24칸(총 552칸)으로 대청大廳·상사당상청常仕堂上廳·한학전함청漢學前銜廳 등 30여 개의 청으로 구성되어 거대했다. 또한 중앙의 사역원만으로는 역관의 수요를 충당하기 어려워 외국어에 능통한 관리를 국경에 인접한 지방 관아로 파견해 교육을 담당케 함으로써 부족한 인력을 충당했다.

지방 관아는 주변 나라와의 교통로에 있는 지역을 택해 분야별로 전문 언어를 교육했는데, 한학은 평양·의주·황주에서, 여진어는 의주·창성·북청·이산·벽동·만포·위원에서, 왜학倭學은 제포·

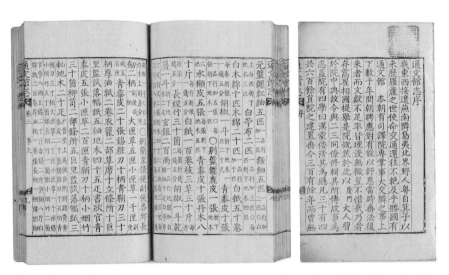

『통문관지』, 김지남·김경문, 33.2×21.8cm, 1874, 국립고궁박물관. 숙종대에 사역원 역관 김지남, 김경문 부자가 사역원의 연혁과 중국 및 일본과의 외교관계를 기록한 책이다. 고려시대에 외교 업무 담당 부서였던 통문관이 조선시대에 사역원으로 바뀌었지만, 책 이름은 옛 명칭을 따랐다.

부산포·염포에서 각각 담당했다.

각종 외국어
전문가들의 직제

조선시대에는 고려의 제도를 이어받아 태조 때 역학 교육에 힘써 육학六學을 설치함으로써 양가의 자제들을 뽑아 가르쳤다. 1410년(태종 10) 1월 몽학에 훈도관을 설치했고, 1414년에는 왜학 학습에 관한 영令이 내려졌다. 이렇게 정비한 제도는 『경국대전』에 명문화되었다. 사역원의 직제는 [표 1]과 같다.

[표 1] 『경국대전』에 실린 사역원의 직제

품계	관직명	인원수
정1품(겸임)	도제조都提調	1명
종2품 이상(겸임)	제조提調	2명
정3품	정正	1명
종3품	부정副正	1명
종4품	첨정僉正	1명
종5품	판관判官	2명
종6품	주부主簿	1명
종6품	한학교수漢學敎授	4명(2명은 문신이 겸함)
종7품	직장直長	1명
종8품	봉사奉事	1명
정9품	부봉사副奉事	2명
정9품	한학훈도漢學訓導	4명
정9품	몽학훈도蒙學訓導	2명
정9품	왜학훈도倭學訓導	2명
정9품	여진학훈도女眞學訓導	2명
정9품	참봉參奉	2명
계		32명

도제조는 대신이 겸직하고 제조는 종2품 이상의 문신이 겸직했는데, 이들은 학생의 학습을 감독했을 뿐만 아니라 입학 사무도 관리했다. 정3품 사역원 정正은 역관의 최고 책임자로서 실무를 총괄했다. 실무자 격인 종4품의 첨정은 노비와 공사의 출납을 담당했다.

사역원에서 실질적인 교육을 맡았던 이는 교수教授와 훈도訓導다. 한학교수 2명은 취재를 통해 첨정 이상으로 교회教誨를 거친 사람을 임명했으며, 문신이 겸직하는 2명은 생도들의 원시院試를 담당했다.

『교회선생안教誨先生案』, 38.0×28.2cm, 19세기 말, 서울역사박물관. 조선시대 사역원에 소속된 역대 교회들의 명단을 수록한 책이다.

종7품 직장은 사역원 내의 노비를 관리했고 정9품 부봉사는 서책 담당, 훈도 10명은 해당 외국어의 참상관에서 골라 30개월마다 교체했다.

사역원의 외임역관은 종9품 역학훈도와 역학겸군관譯學兼軍官이다. 1428년(세종 10) 12월 세종이 의주에 역학훈도를 보내 생도들에게 한문과 한어를 가르친 다음 우수생을 평양토관에 임명하도록 한 것이 외임역관의 시초였다. 훈도는 조선 초기에는 한학훈도 4명, 몽학훈도 2명, 왜학훈도 2명, 여진학훈도 2명 등 모두 10명이었으며, 현종 때 여진학훈도를 청학훈도로 교체했다. 1485년 『경국대전』 시기에는 한학훈도가 황주·평양·의주, 왜학역관이 부산포·제포에 배치되면서 5명이 정원이었는데, 『통문관지』가 집필되던 18세기 무렵에는 세 배 늘어난 15명이 되었고, 역학겸군관이라는 새로운 직제까지 생겨났다. 이는 조선 후기 대외 교역이 활기를 띠면서 역관의 수요가 늘었기 때문이다. 1733년 이후부터 한학훈도 4명 중 2명은 교회를 지낸 사람 가운데 본청에서 권점으로 임명했는데, 교회를 지낸 인물을 훈도로 임명했다는 데에서 훈도가 비록 정9품직이긴 하나 상당한 우대를 받았음을 알 수 있다. 때에 따라서는 훈도를 문신으로 임명하기도 했는데, 사역원 학생들이 한어만 공부해 의리는 전혀 알지 못한 까닭에 문신으로 훈도를 임명해 의리를 가르치게 하기 위함이었다.

부산포에 배치된 왜학훈도는 왜사倭使라 불리기도 했으며, 동래 왜관에 상주하면서 왜학별차別差와 함께 동래부와 왜관의 중개 업무를 맡았다. 별차는 1623년 영의정 이원익의 요청에 따라 교회 출신자 가운데 훈도를 거치지 않은 자 혹은 연소총민年少聰敏 가운

읍내

「동래부고산지도」, 133.4×82.7cm, 국립중앙도서관.
중앙에 동래읍성이 있고 여기서 남쪽으로 20리쯤 내려가면 왜관이 있다.
왜학훈도가 이곳에 상주하면서 업무를 보았다.

데 뛰어난 자를 골라 1년씩 윤번으로 배치했다.

이외에도 사역원에는 체아직遞兒職이라 하여 역과譯科에 합격한 사람 가운데 정식 보직을 받지 못한 역관을 대상으로 실직 없는 관직을 돌아가며 맡게 하고 녹봉을 지급하던 제도가 있었다. 주로 군직軍職에 임명되던 이들의 녹봉은 1년에 네 차례 치르는 시험 결과에 따라 차등을 두어 지급했다.

4대조 신분 조사와 비밀투표, 까다로운 입학 자격

조선시대 사역원은 두 가지 역할을 했다. 첫째는 사대교린에 필요한 인재를 양성하기 위해 한어·몽어·여진어·왜어 등 외국어를 가르치는 교육 기관이었고, 둘째는 외국어의 통역과 번역을 맡아보는 일반 관부官府로서 기능했다. 교육 기관으로서는 일찍이 고려 때인 1276년(충렬왕 2)에 통문관通文館을 설치하고 한어를 가르친 데서 그 입지를 다졌다. 그리고 일반 관부로서의 역할은 조선시대에 시작되었다.

사역원 생도들의 교육은 내직인 교수와 훈도가 전담했다. 교수는 7사事 즉 교회, 정正, 교수, 전함前銜, 훈도, 상통사上通事, 연소총민의 경력을 지닌 자 가운데 외국 사신과 대화할 수 있는 사람을 선출했다. 또 이들은 학식과 덕망이 뛰어나 학관들의 모범이 되었을 뿐만 아니라 공해를 관장하고 원시院試를 주관하는 중대한 임무를 띠고 있었다. 교수의 임기는 30개월이었는데 1752년 이후로는 45개월로 바뀌었으며 임기는 일정치 않았다. 이 임기를 마치면 도제조都提調의 추천에 의해 동반직東班職으로 전직되기도 했다.

교수의 주요 자격으로 꼽히는 교회는 종6품 부경등제의 하나로 당상역관이 되기 위해서는 반드시 거쳐야 할 보직이었다. 전함은 전직 관리, 상통사는 사행시 예단을 간수하고 상의원의 어공무역을 관장하던 임시체아직이다. 연소총민은 비록 나이가 어리지만 총명하고 민첩해 사행에 동참시켰던 역관이다.

조선 초기 사역원 생도들은 음식과 의복을 제공받고, 가족들은 부역을 면제받았으며 친속자가 없는 이는 봉족 노비를 지급받는 등 대우가 좋았기에 지원자가 많았다. 주로 양반 자제들이 지원했는데 시간이 흐르면서 서얼들도 섞였다. 그런데 『경국대전』의 완성과 함께 신분제도가 고착화되는 성종대에 주무부서인 예조에서 양천 문제를 제기했다. 생도들이 2품 이상의 천첩 자손과 함께 공부하는 것을 부끄럽게 여기고 학업을 등한시한다는 이유에서였다. 이로 인해 서얼들의 사역원 입학은 엄격하게 금지되었다.

사역원에는 한학생 35명, 몽학생 10명, 여진학생 20명, 왜학생 15명 등 모두 80명의 생도가 있다. 그러나 조선 후기에는 본생도 외에 예비생도가 한학 40명, 몽학 25명, 왜학 25명, 청학 34명으로 124명이나 더 있어서 사역원의 생도는 모두 합쳐 204명이나 되었다.

사역원에 입학하려면 까다로운 절차를 거쳐야 했다. 우선 현직 역관의 추천서인 완천기完薦記와 함께 부·모·처 4대조의 신분을 조사한 서류를 녹관청祿官廳에 제출해야 했다. 녹관청에서는 취재녹관取才祿官 5명과 구임녹관久任祿官 10명으로 구성된 15명의 녹관이 우선 신원조사서와 신원보증서를 검토한 뒤 결격 사유가 없으면

투표로 입학시험을 치를 수 있는 자격을 결정했는데, 만일 투표 때 15명 중에서 3명이 반대하면 입학이 보류되었으며, 세 차례 이상 입학 보류된 자는 아예 응시 자격을 박탈당했다.

투표 방법은 오늘날의 비밀투표와 같은 것으로, 원리院吏가 미리 준비한 투표용지 '결結'을 15명의 녹관에게 배부하면 녹관들은 신원조사서와 보증인 서류를 심사한 다음 투표용지에 가부를 표시하여 원리가 돌리는 항통缸筒에 넣었다. 만일 서류에 미비점이 있는데도 사적인 정에 끌려 찬성했다면 그 녹관은 물론이고 보증인까지 중죄를 받았다. 개표 결과 합격한 사람만이 입학시험을 칠 수 있었는데, 시관試官은 겸교수가 되며 시험은 각자 읽은 책 중에서 자신 있는 것을 자유롭게 선택해 강講을 하고 그 성적에 따라 입학을 결정했다. 처음에 들어오면 예비생도가 되는 것이 원칙이었으나 때로는 본생도가 되기도 했다.

시험의 종류와 방식

사역원에 입학한 학생들은 모두 기숙사 생활을 하면서 분야에 따라 한학청, 몽학청, 청학청, 왜학청에 소속되어 수업을 받았다. 사역원 생도들은 매월 2일과 12일, 22일, 6일과 16일, 26일에는 정규 시험을 치러야 했다. 그리고 3개월에 한 번씩 오늘날의 기말고사와 비슷한 원시院試를 봤다. 또한 사역원 생도가 정식 역관이 되려면 역과에 합격해야 했다.

역과

사역원에서는 외국어 능력을 갖춘 인재, 즉 역관을 선발하기 위해 역과제도를 시행했는데, 역과는 조선 왕조의 외교 정책을 수행하는 데 필요한 역관 충원을 목적으로 국초부터 실시되었다. 역과에는 한어(중국어)·몽어·여진어·왜어의 4과가 있었으며, 한어가 가장 중시되었다. 대명외교의 중요성 때문이었다. 따라서 한어과는 국초부터 실시되었으나 몽어과는 1419년(세종 1) 4월에, 왜어과

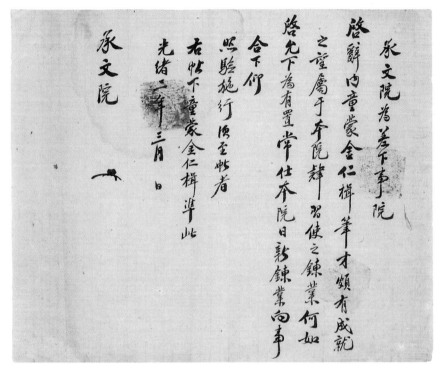

김인즙 차첩差帖, 49.4×61.0cm, 1876, 서울역사박물관. 1876년 3월 승문원에서 김인즙이란 인물을 이습肄習(견습생)으로 선발하면서 발급한 문서다. 당시 6세였던 그는 재주가 있어 이미 역관 후보생으로서 교육을 받기 시작했다.

는 1441년(세종 23) 7월 이전에, 여진어과는 1451년(문종 1) 4월에 처음으로 실시되었다. 그리고 1482년(성종 13)경에는 한때 문과에 한어를 함께 시험 보게 해 그 합격자를 문과 출신자와 같은 자격으로 서용하도록 했으나 문신들의 반대로 시행되지 못했다. 이를 통해 우리는 조선사회에서 중국어 역관들이 양반만은 못했지만 상당히 높은 지위를 누렸음을 알 수 있다.

지방의 역학은 지방 요충지에 설치되었다. 1428년(세종 10)에는 이미 있었던 평양 사역원의 예에 따라 의주에 한학을 두었고, 1430년(세종 12)에는 내이포·부산포·염포에 왜학을, 1433년(세종 15)에는 황주에 한학을, 1469년(예종 1)에는 웅천·동래에 왜학을 각각 설치했다. 『경국대전』(1485)에는 웅천·동래의 왜학이 폐지되었고, 의주·창성·이산·벽동·위원·만포·북청에 여진학이 신설되었다고 했으며, 정조 때 편찬한 『대전통편』(1785)에는 제포·염포의 왜학이 없어진 대신 거제에 왜학을, 제주에 한학과 왜학을 설치했다고 했다. 그리고 고종 때 간행한 『육전조례』(1865)에는 제주의 한학·왜학과 의주의 여진학을 없애는 대신 선천에 몽학, 해주·옹진·함흥에 한학, 전라좌·우수영과 통제영에 한학과 왜학을 각각 신설했다고 했다. 이러한 지방 역학원에서는 향통사鄕通事를 길러내 중앙의 사역원에 파견 근무시켰으며 중요한 역관은 사역원에서 양성·선발했다.

역과(잡과)는 식년시와 증광시·대증광시에서만 시취했고, 다른 별시는 없었다. 『경국대전』에 나타난 역과 초시初試(1차 시험)·복시覆試(2차 시험)의 시취 액수(선발 인원)는 [표 2]와 같다(역과 한학의 초시는 향시를 포함한 인원).

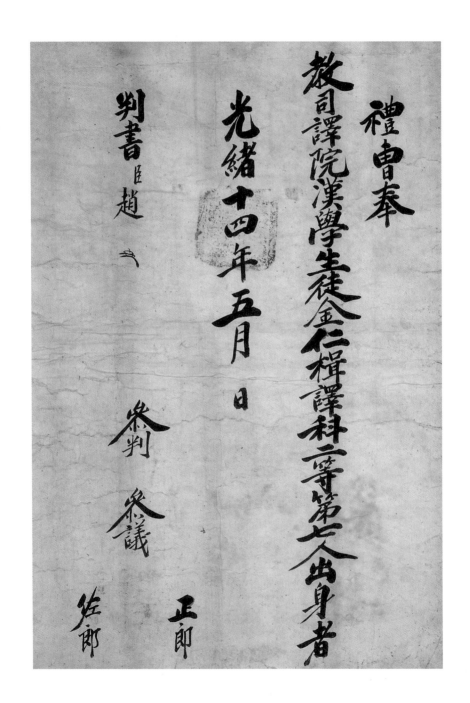

禮曹奉

教司譯院漢學生徒金仁楫譯科二等第七人出身者

光緒十四年五月　日

判書臣趙

參判　參議　正郎　佐郎

김인즙 역과백패, 67.2×42.8cm, 1888, 서울역사박물관.
1888년 5월 예조에서 발급한 과거 합격 문서다.
사역원 한학생도 신분인 김인즙이 역과에 응시해 2등 제7인으로 합격했다는 내용이다.

[표 2] 역과 초시 · 복시의 시취 액수

구분	초시	복시
한학	45	13
몽학	4	2
왜학	4	2
여진학	4	2

　식년시와 증광시의 시취 액수는 조선시대 내내 같았으나 대증광시만은 『속대전續大典』(1746)에 27인으로 되어 있다.

　잡과는 초시와 복시만 있었는데, 초시는 해당 관청에서, 복시 역시 해당 관청에서 그 관청의 제조提調와 예조당상禮曹堂上이 실시했다. 향시鄕試가 있는 곳은 한어과뿐으로 역과 초시인 향시는 사역원이 있는 평안·황해도에서 관찰사가 실시했다. 시험은 전문서, 경서, 『경국대전』을 필수 과목으로 정했으며, 성적은 통通 2푼二分, 약略 1푼一分, 조粗 반푼半分으로 계산해 푼수分數가 많은 이를 선발했다. 역관 등용 때 택하는 시험 방식은 주로 강서講書, 역어譯語, 사자寫字의 세 가지가 있다. 강서에는 경서를 보면서 물음에 답하는 임문臨文 형식과 구어체 교재를 시험관 앞에 펴놓고 외우거나 책을 보지 않고 물음에 답하는 배강背講 형식이 있다. 역어譯語는 외국어로 법전을 번역하는 형식이고 사자寫字는 한학을 제외한 외국 문자(몽학, 왜학, 여진학·청학 등)를 바르게 쓰는 형식이다.

　생도들은 역과에 합격하면 고대하던 역관이 되지만 그것으로 끝이 아니었다. 부경사행 참여 자격을 얻기 위해 또다시 경쟁을 해야 했다. 이른바 고강과 취재다.

서도고강과 이륙고강

고강이란 사역원 내부의 인사고과 제도로 서도고강書徒考講과 이륙고강二六考講이 있었다. 이륙고강은 장학을 위해, 서도고강은 부경赴京의 자격을 위해 시행되었다. 서도고강은 한학교회와 연소 총민, 우어별체아偶語別遞兒 등을 대상으로 1년에 네 번씩 춘하추동 마지막 달에 치러지는 정기 시험이었다. 시험 성적이 우수한 어전御前교수와 교회전함敎誨前銜은 위직衛職에 임명했고 연소총민은 부 경, 즉 사신의 수행원으로 북경에 다녀오도록 허락했다.

시험은 신분에 따라 달랐다. 어전교회와 교회전함은 위직에 있 었으므로 본업과 경사經史 사십제四十題를 보는데, 본업에서는 『노 걸대老乞大』 『박통사朴通事』 『오륜전비伍倫全備』 6책을 반 권씩 12등 분 해서 매 계삭季朔(3·6·9·12월)에 배강을 했다. 나이 마흔이 넘 은 어전교회나 쉰이 넘은 교회는 임강을 했고 경사에서는 사서·통 감·송감宋鑑은 계삭마다 네 권씩, 시전詩傳·서전書傳·호전胡傳·춘 추春秋는 두 권 반씩 24등분 해서 임강을 했으며 사십제는 매번 배 강을 했는데 역시 나이 마흔이 넘은 어전교회와 쉰이 넘은 교회는 임강을 했다.

이륙고강은 매월 2일, 12일, 22일과 6일, 16일, 26일에 치러지는 시험이다. 시험 성적을 사학우어청四學偶語廳에서 기록했다가 5회 연속 합격한 사람에게는 상을 주고, 3번 연이어 불합격한 사람과 계속 시험에 응시하지 않은 이는 모두 강등시켰다. 만일 공적인 일 이나 병으로 시험을 보지 못했다면 재시험을 볼 기회를 주었다. 시 관試官은 훈상당상이 되며 시험 보는 날짜와 시험 과목은 잡직인雜 織人의 신분에 따라 달랐다. 상통사·차상통사次上通事·압물통사押

物通事는 2일에 문어文語시험을 보고, 연소총민은 12일에 해당되는 책 두 권을 시험하며, 우어별체아는 2일에 역어유해譯語類解를 각기 배강하고 아울러 문어시험을 보며, 왜학교회와 연소총민은 초6일에 각기 문어시험을 보고, 청학상통사淸學上通事·피선별체아被選別遞兒·신체아新遞兒는 모두 22일에 각기 문어시험을 보았다. 그러나 나이 쉰이 넘으면 시험을 보지 않았다.

원시

원시院試는 관리 임용시험인 취재取才를 치르기 위한 일종의 예비고사이므로 매우 중요했다. 사역원 시험에는 녹관취재, 위직취재, 부경취재 등 많은 취재시험이 있었는데, 이를 보려면 특별한 경우를 제외하고는 우선 원시院試를 통과해야 했기 때문이다. 봄철에 취재시험이 있으면 그 전해 11월이나 12월에 미리 원시에 합격해야 했다. 원시는 본문을 보지 않고 물음에 답하는 배강, 본문을 보지 않고 외우는 배송背誦, 마지막으로 암송해 기록하는 사자寫字로 이뤄졌다.

원시는 처음에는 짝을 지어 외국어로 말을 주고받게 하는 회화시험을 보는 것이었는데, 외국인과 상교하려면 문자보다는 언어가 더욱 필요했기에 우선 회화시험을 봤던 것이다. 시관은 겸교수가 되며 겸교수가 특별한 사정이 있을 때는 제조가 보았다. 이 회화시험이 끝나면 훈상당상 2인이 입회해 다시 시험을 보는데 이때에는 경사·백가百家·고금시부古今詩賦 중에서 1구를 번역하게 했다. 그런데 몽학이나 왜학·여진학(훗날의 청학)은 훈도가 구두로 전하고 이

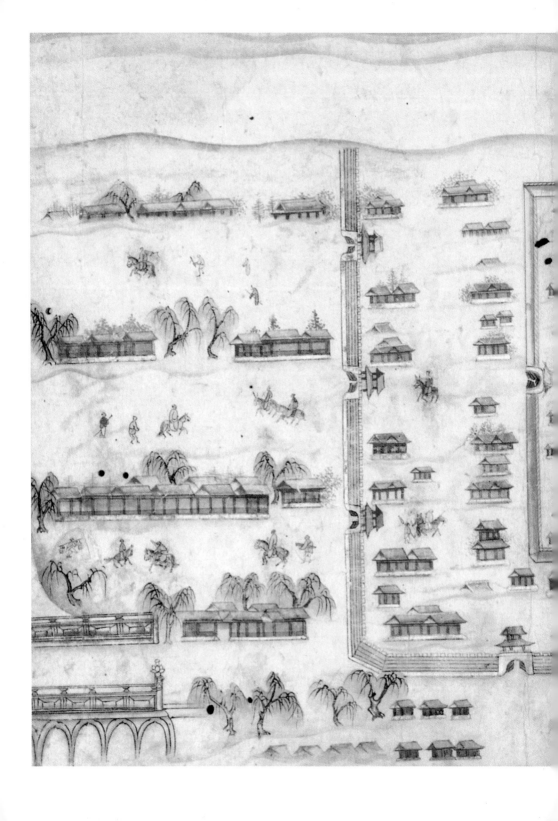

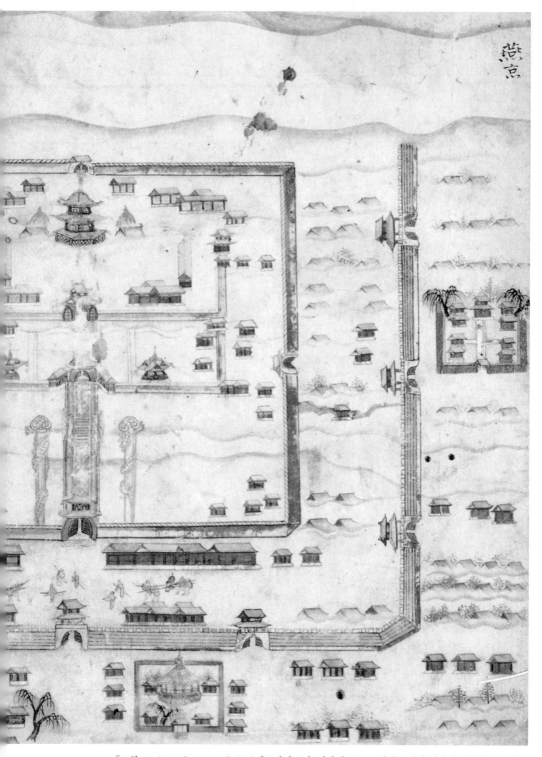

「조천도」, 41.0×68.0cm, 1624, 국립중앙박물관. 명나라 수도 북경에 도착한 사신단 일행의 모습이다.

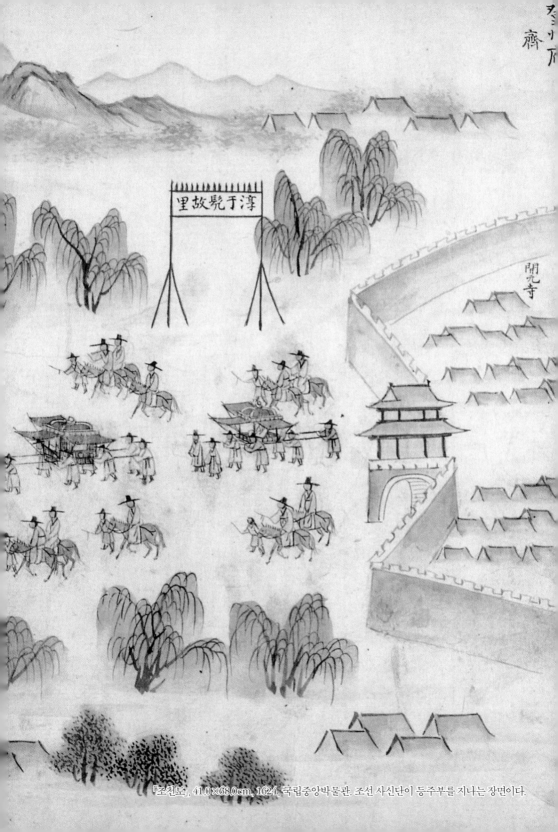

「조천도」, 41.0×68.0cm, 1624, 국립중앙박물관. 조선 사신단이 등주부를 지나는 장면이다.

『몽어노걸대』, 방효언 편, 36.0×24.5cm, 1790, 규장각한국학연구원.
조선 후기 사역원에서 간행한 몽골어 회화 학습 교재다.

를 번역하도록 했다. 이러한 시험에서 매번 그 성적이 2푼分 반半을 얻은 자는 모든 취재에 나가도록 했으며, 성적이 같을 때에는 회화 시험 성적이 좋은 사람에게 우선권을 주었다.

취재

취재란 과거를 거치지 않고 일정한 시험을 통해 하급 관리로 채용하거나 승진 또는 복직시키는 제도였다. 녹취재祿取才는 수직자受職者(지금의 피임명자)를 선발하기 위해 치르는 시험이었다. 사역원에서는 수직자의 임기를 3~6개월로 제한해 자주 교체했다. 교체되는 수직자를 사역원과 예조가 공동으로 시험 봐서 충당했는데, 이것이 녹취재다. 녹취재에 응시하려면 일정한 자격을 갖춰야 했다. 그 자격은 원칙상 원시를 두 번 봐서 그 성적이 3푼 이상인 자와 녹관 6개월 동안 무록無祿으로 종사한 자에게만 주어졌으며, 사역원의 장무관掌務官과 원시를 볼 때 외임外任이나 부모의 상으로 시험을 치르지 못한 사람에게는 특별 응시 자격이 주어지기도 했다. 그러나 역과시험에 합격한 지 얼마 안 된 사람이나 녹취재에 응시해서 여러 번 낙방한 사람, 외임에서 교대되어온 지 얼마 안 된 사람 혹은 하급 관청에서 상급 관청으로 온 사람에게는 응시 자격이 부여되지 않았다. 시험은 춘하추동으로 1년에 4회 보는데, 과목은 반드시 통해야 되는 것과 그러지 않아도 되는 것이 있었다. 말하자면 필수 전공과목과 교양 과목이 있었던 셈이다. 한학에서는 필수 전공과목이 하나라도 불통이면 낙방했고, 교양과목은 비록 통하지 못하더라도 필수 전공과목이 우수하면 합격했다.

몽학·왜학·청학에서는 원하는 사람에 한해서만 교양 과목 시험을 보았다. 녹취재에서는 한학 7명, 청학 2명, 몽학·왜학은 각기 1명씩 뽑았다. 시험관은 사역원의 제조 1명과 예조의 당상관 1명이었으나, 예조 당상관이 없다면 예조 낭관郎官 1명으로 대체했다.

위직취재衛職取才는 사역원의 위직을 선발하기 위해 실시한 시험이었다. 사역원의 위직은 조선 초기 대호군 1명, 사통 3명, 사과司果 4명, 사정司正 3명, 사맹司猛 11명, 사용司勇 28명으로 모두 50명이었는데, 조선 후기 들어 30명으로 대폭 줄어들었다. 이 중에서 사학四學의 당상관은 당연직으로 위직을 주었으며, 한학교회는 서도 고강의 성적에 따라 위직을 주었고, 그 외 나머지 역관들에게 취재 시험을 보게 해 위직을 부여했다. 시험 방법은 도제조·제조·겸교수·훈상당상이 합좌해서 매년 네 차례씩 계삭에 시험을 봤는데, 과목은 그 대상자에 따라 달랐다. 한학관은 『노걸대』 『박통사』 『오륜전비』 중에서 하나를 택해 강講했으며 상통사는 본업 6권 중에서 1권을 강했고 몽학별체아는 각기 문어시험을 봤다. 그러나 후기에 와서는 청학상통사, 피선별체아, 신체아는 문어 대신 물명物名 5장張을 시험했으며 몽학별체아와 원체아元遞兒는 문어 대신 물명 3장을 시험 봤다.

부경취재赴京取才는 중국으로 사신 갈 때 수행 역원을 뽑기 위한 시험이다. 춘추로 2차에 걸쳐 실시했으며, 상등은 통사通事, 중등은 사신을 수행하면서 물건 및 말을 관리하는 압물押物과 압마押馬, 하등은 타각부打角夫(사신 일행의 제구諸具를 관리하는 관원)의 직무를 맡도록 했다.

우어청

사역원에는 우어청偶語廳이란 곳을 두어 활용했는데, 이는 오늘날의 회화교실 또는 외국어 마을과 같은 공간으로, 학생들은 이곳에 들어가면 오로지 전공 외국어만 사용해야 했다. 만일 규정을 어겼다가 적발되면 횟수에 따라 매를 맞았다. 현직 관리로 한 달에 보름 동안 사역원에 나와 외국어를 공부하던 강이관이나 습독관이라면 초범일 때 경고, 재범은 차지次知(주인의 형벌을 대신 받는 노비) 한 명을 가두었다. 이어서 3범은 차지 두 명을 가두고, 5범 이상이 되면 형조에 공문을 보내 파직시킨 다음 1년 동안 벼슬을 주지 않았다.

우어청을 통한 회화 전용 교육은 초기에는 잘 시행됐지만 시간이 지나면서 흐지부지되었다. 삼번의 난으로 대륙의 판도에 비상한 관심이 모아지던 1682년(숙종 8) 숙종은 도제조 민정중의 건의를 받아들여 한학우어청을 설치했다. 이로부터 몽학, 청학, 왜학우어청이 차례로 설치되었다. 각 우어청의 훈장은 주로 모어 화자나 해당 외국어를 잘하는 회화교수가 맡았다.

기초 회화서에서 사전까지, 다양한 외국어 교재들

조선시대에 사용된 외국어 교재를 역학서譯學書라 한다. 임진왜란 전인 조선 초기에는 주로 해당 외국어의 어린이용 교과서 등을 수입해 외국어 교재로 썼으며, 임진왜란 후에는 비로소 훈민정음으로 발음을 달고 그 뜻을 풀이한 언해서들이 간행되기 시작했다. 이들은 중국어 교재인 한학서, 몽골어 교재인 몽학서, 여진어(훗날에는 만주어) 교재인 청학서, 일본어 교재인 왜학서로 나뉜다.

또 교재 성격에 따라 (초·중·고급) 회화서 및 어휘 사전으로 나눌 수 있으며, 교재에 표기된 언어에 따라 해당 언어의 원문본과 대역서(언해서, 번역서)로 나눌 수 있다. 이들에 대한 기록은 과시서 科試書(역과 시험 출제서) 목록에 보인다.

본격적인 언해서나 번역서가 나오기 전의 교재, 즉 조선 초기의 교재들은 주로 해당 국가에서 수입한 어린이용 교재가 많았고, 기초 회화서 및 어휘 사전도 있었다. 이 교재들은 대부분 소실되었지만, 해당국(중국, 일본) 또는 우리나라에 전하고 있는 자료들도

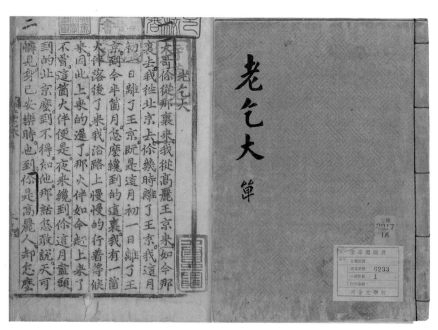

『노걸대』, 조선 전기, 규장각한국학연구원.

있다. 그 목록을 임진왜란 전과 후로 나누어 보면 [표 3] [표 4]와
같다.

[표 3] 임진왜란 이전의 역학서

서명		간행 연대	종류		비고
			외국어	판본	
한학서	노걸대, 박통사, 직해소학	원대	한어		한문본. 원대 『노걸대』, 나머지는 전하지 않음.
		한학서노걸대, 박통사, 직해소학원대(?)			
몽학서	왕가한, 수성사감, 어사잠, 고난가둔, 황도대훈, 노걸대, 공부자, 첩월진, 토고안, 백안파두, 대루원기, 정관정요, 속팔실, 장기, 하적후라, 거리라 등 16책	원대	몽고어		
왜학서	이로파, 소식, 서격, (왜어)노걸대, 동자교, 잡어, 본초, 의논, 통신, 구양물어, 정훈왕래, 응영기, 잡필, 부사 등 14책	조선 초 또는 그 이전	일본어		
여진 · 청학	천자, 천병서, 소아론, 삼세아, 자시위, 팔세아, 거화, 칠세아, 구난, 십이제국, 귀수, 오자, 손자, 태공, 상서 등 15책	조선 초 또는 그 이전	여진어, 만주어		
	(산개) 노걸대	1483 (성종 14)	한어		갈귀가 원대 북경어를 명대 한어로 수정 (세종실록), 한문본
	(산개) 박통사	1483 (성종 14)	한어		
	(번역) 노걸대	1517년 이전	한어		표지 서명 – 노걸대老乞大
	(번역) 박통사		한어		국회도서관 /을해자본
	노박집람		한어	을해자본	

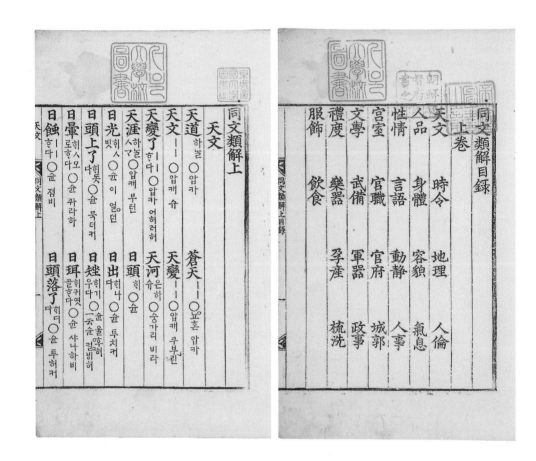

右側 (目錄):

同文類解目錄

上卷

天文	時令	地理	人倫
人品	身體	容貌	氣息
性情	言語	動靜	人事
宮室	官職	官府	城郭
文學	武備	軍器	政事
禮度	樂器	孕産	梳洗
服飾	飲食		

左側:

同文類解上

天文

天道 하늘 ○압가

蒼天 ○모혼 압가

天文 ○압개 슈

天變了ᄒ다 ○압가 어허러허

天涯 하놀ㅅㄱ ○압개 부던

天河 은하 ○숭가리 비라

天光 빗취다 ○슌 이 얼던

天變 ○압개 구부린

日頭上了 다히롯 ○슌 묵더거

日頭 ○슌

日出 나 ○슌 투치거

日暈 로동다 ○슌 카라하

日趓 우다히엿 ○슌 샤나하비

日光 히ㅅ모 ○슌 졉비

日珥 ○슌

日蝕ᄒ다 ○슌

日頭落了 다히디 ○슌 투허거

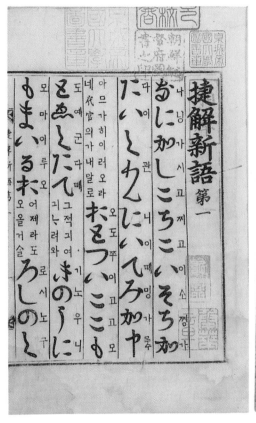

『첩해신어』, 강우성 편, 1676, 규장각한국학연구원. 사역원에서 간행한 일본어 학습용 교재. 조선인과 일본인의 질문 및 대답, 조선 사절이 일본을 방문했을 때의 대화, 서간문 등으로 구성되어 있다.

서명	간행 연대	종 류		비 고
		외국어	간행지 및 판본	
어록해	1657(효종 8)	한어	용흥사 목판본	정양 편
어록해	1669(현종10)	한어		남이성 등 편, 송준길(발)
노걸대언해	1670(현종11)	한어	운각(교서관) 무신자	초간, 정태화
첩해신어	1676(숙종 2)	일본어	교서관 활자	정태화의 계청
박통사언해	1677(숙종 3)	한어		변섬 박세화 연재(통)
역어유해	1690(숙종 16)	한어	목판본	1682년에 민정중(좌의정, 도제조)의 명으로 신이행愼以行, 김경준金敬俊, 김지남金指南 등 편찬 - 1690년 정창주, 윤지홍, 조득형 등 연재 간판(통)
동문유집	1691(숙종 17)	만주어		이해李海등 연재捐財 간판(통)
첩해신어	1700(숙종 26)	일본어	제주 간판(목)	복각, 박세영 감동監董(산기문고 간기)
청어노걸대	1703(숙종 29)	만주어	활자	박창유朴昌裕 등 6인 연재捐財(통)
삼역총해	1703(숙종 29)	만주어	활자	박창유 등 6인 연재(통), 지識 간기(1704)
소아론	1703(숙종 29)	만주어	활자	박창유 등 6인 연재(통)
팔세아	1703(숙종 29)	만주어	활자	박창유 등 6인 연재(통)
오륜전비언해	1721(경종 1)	한어		고시언(서)
첩해몽어	1737(영조 13)	몽고어		이세휴李世烋 등 연재(통), 부전不傳.
몽어노걸대	1741(영조 6)	몽고어		이최대李最大 등 연재(통), 안명설(서)
노걸대언해	1745(영조 21)	한어	기영(평양)(목)	중정본, 변욱(서)
개수첩해신어	1748(영조 24)	일본어	운각(교서관) 활자	최학령, 최수인 등 수정, 1차 개수
동문유해	1748(영조 24)	만주어	운각(교서관)	현문항玄文恒 수정(통)
몽어유해	1748 전후	몽고어		부전不傳
개수첩해신어	1762(영조 38)	일본어	활자	2차 개수(최학령 사력私力)
노걸대신석	1763(영조 39)	한어	운각	변헌 수정(통)
노걸대신석언해	1763(영조 39)	한어	운각	변헌 수정(통)
박통사신석	1765(영조 41)	한어	기영(목)	김창조 등 수정(통), 서문 낙장
박통사신석언해	1765(영조 41)	한어	기영(목)	김창조 등 수정(통)
신석청어노걸대	1765(영조 41)	만주어	기영(목)	김진하 수정(통), 홍계희(서)
(중정)몽어노걸대	1766(영조 42)	몽고어	(목)	이억성(몽문발), 1차 수정
(중정)첩해몽어	1766(영조 42)	몽고어	(목)	

몽어유해	1768(영조 44)	몽고어	사역원(목)	이억성 수정(통), 부전. 「고금석림」중 '삼학역어'에 일부 인용
신석(중간) 삼역총해	1774(영조 50)	만주어	(목)	이담(중간서), 김백곡 도움, 김진하 등 수정
역어유해보	1775(영조 51)	한어	사역원	김홍철 수정(통), 김홍철(발)
신석소아론	1777(정조 1)	만주어	사역원	중간, 김진하 수정(통), 이담(지識)
신석팔세아	1777(정조 1)	만주어	사역원	중간, 김진하 수정(통)
방언집석	1778(정조 2)	일본어	사본	보만재잉간 24~25책, 서명응(서)
한청문감	1779(정조 3)?	만주어		이담(개명 전), 김진하 관여.
중간첩해신어	1781(정조 5)	일본어	활자	최학령私力, 이담(중간서)/2차 개수
왜어유해	1781년 전후 (1778~1787 사이)	일본어		
인어대방	1790(정조 14)	일본어	(목)	
(중간) 몽어유해	1790(정조 14)	몽고어	(목)	보/김형우 연재 중간, 방효언 증보
(중간) 첩해몽어	1790(정조 14)	몽고어	(목)	이익(몽학삼서중간서), 방효언 등 제신함명
(중간)몽어노걸대	1790(정조 14)	몽고어	(목)	방효언 수정, 2차 수정
중간노걸대	1795(정조 19)	한어	사역원 중간(목)	이수(이담의 개명)등 봉명, 누판고 권4 기록
중간노걸대언해	1795(정조 19)	한어	사역원 중간(목)	
(중간)박통사신석	1795(정조 19)	한어	사역원 중간(목)	
(중간) 박통사신석언해	1795(정조 19)	한어	사역원 중간(목)	
첩해신어문석	1796(정조 20)	일본어		김건서 등

역관, 선진 문물 수용에 앞장서다

역관은 전문적인 외국어 통역관이었기에 기본 업무는 사신 행렬을 수행해 통역하는 것이었다. 특히 조선시대에 임진왜란과 두 차례의 호란 이후 중국 및 일본과의 외교관계가 급격히 변했고, 국가 간 공사 무역이 활발히 진행되면서 통상 분쟁이 자주 일어나 역관들의 활동이 두드러졌다. 역관들이 외교적 역량을 발휘해 조정 대신들도 해결하지 못한 국가의 중대 사안

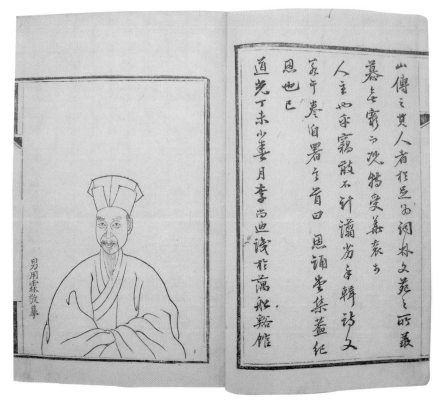

조선 후기 역관 이상적의 초상. 추사의 제자로 시문에도 뛰어났다. 그는 생업에 쫓겨 중국을 바쁘게 오가면서도 스승을 잊지 않고 그곳에서 구한 귀한 책들을 추사 김정희에게 보내주었다.

을 해결하는 데 큰 기여를 하기도 했다.

또 이들에게는 일찍부터 중국이나 일본에 왕래할 기회가 다양하게 주어져 선진 문물이나 기술을 접할 수 있었다. 따라서 외래 문물 수용에 있어 선도적 역할을 했는데, 조선 전기의 역관들은 은을 채취하는 방법, 국가에서 필요로 하는 산법算法, 석회 만드는 법, 병선兵船 건조법 등 실질적인 기술을 도입하는 데 중책을 맡았다. 조선 후기에도 역관들을 중심으로 외래문화를 받아들이기 시작했다. 중국에서 많은 책을 수입해 국내에 중개하는 역할을 담당했고, 양반 가문의 부탁을 받아 희귀한 책을 구해다주기도 하면서 문화 전파의 선두에 섰다. 무기와 관련된 책을 들여와 국방력 향상에도 도움을 주었으며, 중국과 일본의 책을 번역하여 풀이하는 과정에서 국어학 발전에 간접적인 도움을 주는 등 사회 전 분야에 걸쳐 영향을 미쳤다.

조선 후기 역관들 중에서는 양반 못지않게 문학적 소양을 갖춘 인물이 많이 배출되었다. 그들은 수시로 나라 안팎을 드나들며 풍부한 경험과 지식을 습득했고, 무역을 통해 경제적 여력까지 갖췄기에 이를 바탕으로 문학 분야에서도 그 능력을 유감없이 발휘했다. 이런 현상은 단순히 몇몇 역관에게서만 나타난 것이 아니라 한 조류의 문학운동을 일으켜 중인들의 문학인 위항문학委巷文學의 발전에 크게 기여했다.

11장

도화서,
조선 최고의 화가들이 화폭에 담은 세상

황정연 국립문화재연구소 학예연구사

도화서, 조선 궁중
미술의 산실

군주가 곧 국가임을 천명했던 조선
의 국가 체제에 있어, 나라의 녹봉
을 받는 자로서 그림 그리는 행위는
왕실의 권위를 높이고 국왕의 통치를 견고하게 하는 방법의 하나
로 여겨졌다. 조선 후기의 학자 이규상李圭象(1727~1799)이 문집
『일몽고一夢稿』에서 "그림에는 원법院法이 있는데 화원畫員이 나라에
이바지하는 그림"이라고 한 말은 국가에 소속되어 그림활동을 한
이들의 역할을 잘 설명해주고 있다.

조선시대에 '화원'이라 불렸던 이들은 대부분 중앙 관청 중 '도화
서圖畫署'에 소속되어 활동한 직업화가를 이른다.* 도화서는 궁중의
의례와 제향祭享, 조례朝禮 등과 더불어 그림과 관련된 업무를 담당
했던 예조禮曹 아래에 설치된 기구로 왕실의 결혼, 상례, 외국 사절
단의 접대, 궁궐 영건營建 등 궁중의 일상과 이 모든 현장을 그림으

---

* '화원'이라는 말이 꼭 왕실과 관련되어서만 쓰인 용어는 아니었다. 조선 초기에는 화
사畫師·畫史·畫士, 화공畫工 등 나라에 소속되지 않은 민간 화가를 일컫는 용어와 함께
쓰였고, 지방 관청에 소속된 화가 역시 화원으로 불렸으며, 사찰의 불화 제작에 참여
한 화승畫僧을 가리켜서도 금어金魚 또는 화원이라 했다.

「본소사연도本所賜宴圖」, 『기사경회첩耆社慶會帖』, 장득만 외, 비단에 채색,
43.5×67.8cm, 1744~1745, 국립중앙박물관.

「사수도四獸圖」, 『숙종명릉산릉도감의궤』, 1720, 국립중앙박물관.

「일월오봉도日月五峯圖」, 작자미상, 비단에 채색, 162.5×337.5cm, 19세기, 삼성미술관 리움.

영조죽책함英祖竹册函.
나무에 옻칠, 26.8×41.0×27.0cm, 1721,
국립고궁박물관.

로 시각화하는 업무를 도맡았던 관청이다. 400년 넘게 조선 왕조
의 역사와 함께하면서 제도상 여러 변화를 겪기도 했으나, 1910년
경술국치와 더불어 완전히 폐지되기 전까지 명실공히 궁중 미술의
산실로서 기능했다. 우리 역사에서 국가적으로 그림을 관장한 부
서가 없었던 것은 아니지만, 도화서만큼 오랜 기간 존립하면서 수
많은 화원을 배출한 관청을 손에 꼽을 정도로 드물다.

도화서 소속 화원들이 참여한 업무의 범위는 무궁무진했다. 국
왕의 권위와 왕실의 평안을 기원한 그림, 국왕과 공신功臣들의 초
상화, 대내외를 치장한 장식화, 각종 연회 장면을 그린 행사도, 궁
궐도, 의궤 도설圖說과 지도 제작, 궁중 공예품의 문양 도안, 건축
물의 장식처럼 사실적 구현을 위해 정밀한 솜씨가 요구된 작업을
비롯해 왕실에서 주문한 다양한 주제의 감상화에 이르기까지, 말

그대로 '선을 긋고 색을 칠하는' 모든 행위에 참여했다고 해도 과언이 아니다. 도화서가 한국 미술사의 한 페이지를 장식하고 있는 것은 이러한 이유에서다.

이 글은 그간 학계에 쌓여온 연구를 바탕으로 조선의 유명·무명 화원들의 일터였던 도화서의 기원과 직제, 변천 과정을 살펴봄으로써 조선시대 '그림'을 전문적으로 담당했던 관청에 대한 이해를 돕고자 한다.

신라로부터 이어져온 역사

조선의 도화서처럼 중앙 관서에 화업을 담당한 관청을 설치한 전통은 신라시대의 채전彩典에서 기원을 찾아볼 수 있다. 채전은 채칠彩漆에 관한 사무를 맡아보던 관청으로, 651년(진덕여왕 5)에 설치되었다. 『삼국사기』에 의하면 759년 전채서典彩署로 고쳤다가 다시 채전으로 부서명이 바뀌었다고 하니, 채전은 고신라에서 통일신라시대까지 100여 년 동안 운영된 유서 깊은 관청이었다.

신라의 채전을 이어 고려 역시 그림을 담당한 도화원圖畵院을 설치해 운영했다. 이런 사실은 1178년(명종 8), 서경西京(지금 평양) 분사分司의 관직 제도를 정할 때 평양에 두었던 관서 중 하나인 보조寶曹 소속으로 도화원을 운영한 기록을 통해 알 수 있다. 분사란 고려의 수도인 개경의 중앙 관서 소속이면서 별도로 지방에 인원과 기능을 분리시킨 관청을 일컫는데, 개경의 관아를 서경에서 분리한 것이 서경 분사였다. 따라서 중앙 관서의 일부로 개경에서도 도화원을 운영했을 가능성이 크다고 보는데, 이는 "명종이 궁중에서 이영李寧, 이광필李光弼, 고유방高惟訪 등 화원들과 더불어 그림을 즐겼다는 『고려사』의 기록을 통해서도 짐작된다. 조선시대 도화서는 이러한 고려의 도화원 제도를 전신으로 삼아 설치된 것이다.

사대부 중심 사회에서의 위상 변화

조선 개국 후 성종 연간(1469~1494) 이전까지는 조선 왕실에서 고려의 제도를 이어 '도화원'이라는 용어를 그대로 사용했다. 직제도 고려의 유습을 계승해 좌우승상이 도제조都提調를 맡고 왕명을 출납하는 지신사知申事가 부제조를 맡아 국왕 중심으로 운영되는 체제였다. 이 당시 도화원은 인수부仁壽府(중궁中宮과 관련된 업무를 처리하던 부서), 인순부仁順府(세자와 관련된 업무를 처리하던 부서), 승문원承文院(왕명의 출납 담당) 등과 더불어 왕실과 밀착된 관청으로 기능했다는 점이 가장 두드러진 특징이다. 이러한 성격은 『경국대전』을 완성한 성종 연간에 이르러 바뀌었다.

조선시대에 도화원이 구체적으로 언제 설치되었는지는 명확하지 않다. 다만 건국 후부터 화업을 담당한 관청이 중앙 부서에 있었던 것으로 보인다. 도화원에 관한 최초의 기록은 1400년(정종 2) 4월 6일자 실록 기사에 문하부門下府에서 불필요한 관직을 정리하기를 요청하는 상소가 올라왔는데, 도화원이 정직正職이 아닌 녹관祿官으로 지목된 관서 중 하나로 언급된 데서 찾아볼 수 있다. 이를 통해 1400년 이전에는 도화원이 이미 중앙 소속 부서로 설치되어 운영되고 있었음을 알 수 있다. 그러나 당시 도화원이 어느 관서의 하위 조직이었는지는 명확하게 드러나지 않는다. 태종 연간인 1405년경에는 예조 소속의 종6품아문 관청으로 명시화되었다. 종6품은 오늘날 동사무소 정도에 해당되는 낮은 위계로, 도화서를 비롯해 내자시內資寺(왕실의 먹거리 및 연회 지원), 장흥고長興庫(돗자리 등 직조를 담당), 조지서造紙署(종이 제작 담당), 활인서活人署(빈민의 질병 구제 담당), 와서瓦署(기와 제작 담당) 등이 같은 위계였다. 이렇듯 특정 기술을 바탕으로 운영된 관청들의 위상이 낮았던 것은 기예技藝를 천시하고 기술직을 낮게 여긴 양반 중심의 이념이 반영되었기 때문이다.

도화서의 이건移建과 화원들의 경제적 처지

도화서는 국가 조직이었음에도 건물이 궁궐 안이 아닌 궐 밖에 있었다. 따라서 화원들은 평상시에는 도화서로 출퇴근을 하고 왕실의 부름이 있을 때나 유사시에 궁을 방문했으며, 이들의 근무 상황은 제조와 별제가 통솔했다. 연산군 재위 시절(1494~1506)에는 궁중에 '내화청內畫廳'이라 하여 화업을 담당하는 비공식적인 기구를 운영했다. 제조가 그림을 품평하여 직위를 주도록 하거나 왕명에 따라 화원들이 그림을 그려 바치기도 했으나, 이후 기록이 없는 것으로 보아 지속적으로 운영되지는 않았던 듯하다.

도화서 관청은 조선 초기부터 17세기 중반까지 오늘날 종로구 견지동과 공평동 부근인 한양 중부中部의 견평방堅平坊에 자리잡았으며 800여 칸에 달하는 큰 규모였다. 그러나 1676년 숙종은 자신의 둘도 없는 누이였던 명안공주明安公主(1665~1687)의 혼인을 계기로 궁방전宮房田을 마련하려는 명목에서 도화서 터를 떼어주기에 이른다. 이로 인해 도화서는 청사 이전이 불가피한 처지에 놓였음에도 불구하고 숙종의 처사는 새로 이전할 도화서 터를 마련하지 못하고 이루어진 것이었기에 도화서 관원들에게는 당장 임시로 거처할 관사를 마련하는 일이 무엇보다 시급했다. 그러나 다른 관청들의 사정이 여의치 않아 도화서는 10년 넘도록 의정부 남쪽의 예빈시禮賓寺, 통례원通禮院의 옛터, 충익부忠翊府와 태평관太平官의 일부를 빌려 쓰거나 역적들에게서 몰수한 가옥을 빌려 쓰는 등 그야말로 이곳저곳을 전전할 수밖에 없었다.

이 기간 동안 도화서 화원들에 대한 처우는 매우 열악했던 듯하다. 이러한 사실은 1682년 9월 2일 예조판서 남용익南龍翼이 숙종에게 아뢰기를, "대개 화원 20명 내, 급료를 받는 체아직 화원 10명 정도가 무리를 이뤄 밤낮으로 일에 매달려 잠시도 쉴 틈이 없으나 막상 입에 풀칠할 길이 막막하니 불쌍하다 할 만합니다"(『승정원일기』 숙종 8년 9월 4일)라고 한 데서 추측할 수 있다. 제대로 된 작업 공간도 없이 밀려드는 주문을 감당하고자 불철주야 작업했지만, 막상 경제적으로는 생활을 보장받지 못한 화원들의 모습을 드러내준다.

이런 와중에 18세기 초 전란으로 피폐했던 여러 경제사회적인 여건이 상당 부분 회복되면서 지금의 을지로 입구 수하동 부근의 남부 태평방太坪坊에 도화서 청사가 마련되었고, 화원들은 비로소 이들은 안정적으로 업무에 임할 수 있게 되었다. 도화서 역시 이때

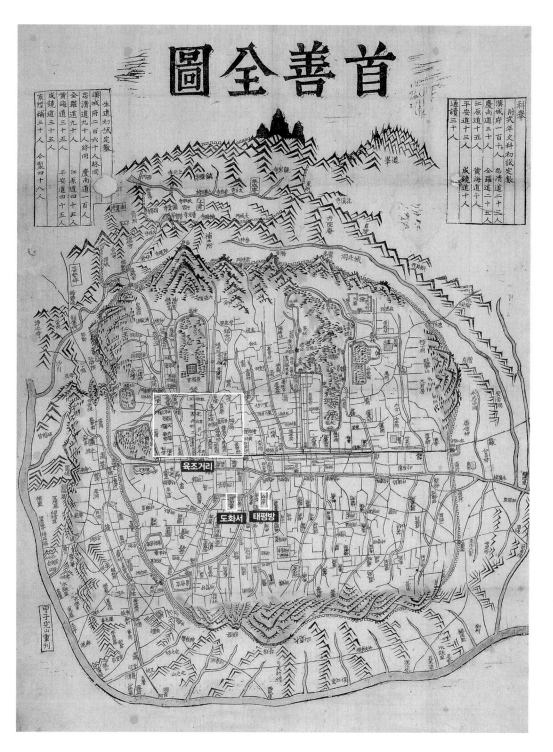

「수선전도」, 김정호, 목판본, 96.5×69.4cm, 1840년대, 서울역사박물관.
도화서는 위의 표시에서 보듯 궁궐 안이 아닌 태평방 광통교 부근에 있었다.

부터 숙종과 영조, 정조의 후원 속에 조선 후반기 미술계를 주도하며 1894년 갑오개혁으로 공식적으로 폐지될 때까지 그 소임을 다할 수 있었다.

조선 초 도화서 직제를 세우다

태종 연간(1400~1418)을 기점으로 도화원은 국왕 중심의 기구에서 벗어나 예조의 하위 관청으로 문신들이 운영하면서 성격이 크게 변했다. 태조 재위 때 건국에 필요한 많은 업무를 소화했음에도 도화원은 예조에 편입된 종6품 기술직 관아로 축소되었고 1464~1471년에 '원院'에서 '서署'로 강등되었으며 도화원의 경거직京官職도 5품직인 별좌別坐에서 종6품의 별제別提로 격하되었다. 도화원이 도화서로 재편된 결과는 1485년 시행된 『경국대전』을 통해 엿볼 수 있다.

『경국대전』에 명시된 도화서 운영은 국왕의 직접적인 관할에서 분리시켜 예조의 문신 관료가 전담하고, 실제 도화 업무를 맡은 화원들은 기술직으로 천시해 '잡직雜織'으로 엄격히 제한함으로써 신분상 철저히 구분된 조직 체계를 표방했다는 점이 특징이다. 도화서 운영 역시 제조提調와 별제가 전담했고 국초 도화원 시절 40명 정도였던 정원이 성종 연간에는 20명으로 줄어들었다.

도화서의 책임자인 제조는 예조판서가 겸직하는 것이 상례였으나 간혹 공조판서가 예외적으로 직을 수행하기도 했다. 제조는 도화서 운영을 책임지고 화원들의 근무 성적을 평가했으며, 화원과 생도를 가르치고 때로 능력을 시험하거나 추천하는 등 도화서 업

[표1] 『경국대전』에 실린 도화서 직제

권卷	일		삼	오	육
전典	이吏		예禮	형刑	공工
조條	경관직 京官職	잡직雜織	생도生徒	제사차비노 諸司差備奴 및 근수노정 액跟隨奴 定額	공장工匠
직함 및 인원	종6품아문 종6품별제 2명	화원 20명 ·동반체아同班遞兒 5명 시사화원 時仕畫員 종6품 선화善畫 1명 종7품 선회善繪 1명 종8품 화사畫史 1명 종9품 회사繪史 2명 ·서반체아西班遞兒 3명 (잉사화원仍仕畫員) 종6품 1명 종7품 1명 종8품 1명 ·직함이 없는 화원 12명	화학생도 畫學生徒 15명	차비노 5명 근수노 2명	배첩장 褙貼匠 2명
인원수	2	20	15	7	2

*시사화원: 현직화원 *잉사화원: 부족한 일손을 메우기 위해 고용된 퇴직 화원 *화학생도: 화원을 도우며 그림을 배운 학생 *차비노: 관원을 옆에서 돕던 남자 노비 *근수노: 관청의 잡역에 동원된 남자 노비 *배첩장: 그림이나 글씨의 표구를 담당한 장인

무에 전반적으로 관여했다.

반면 별제는 종6품 경관직으로 2명이 배치되었다. 별제는『경국대전』이 완성되기 전 3품의 제거提擧와 5품의 별좌에 해당되는 직책이었다. 이들은 그림과 관련된 제조의 전문성을 보완하고 화원에게 그림을 가르치며 관리·감독하는 등 도화서의 실무를 담당했기 때문에 최경崔涇(15세기)과 같이 화원이 직접 별제를 맡는 경우도 있었다. 또한 시험보다는 주변 사람들의 추천으로 임무를 수행한 이가 많았다. 그러나 문관들이 화원 집단 안에서 같은 부류인 화원을 별제로 추천하는 일은 불공평하다며 계속해서 문제 삼아

제도를 시정해줄 것을 요청했고, 『경국대전』에서는 이러한 요청이 받아들여져 별제를 동반직同班職으로 규정하고 문관, 즉 '회화를 잘 이해하는 선비士人'로 하여금 감독을 맡겼다.

20명으로 구성된 화원은 잡직으로 철저히 제한되었고 법제상 종6품 이상 올라갈 수 없는 처지에 놓였다. 시사 화원(현직 화원)들이 받을 수 있는 실직은 겨우 다섯 자리에 불과해 화원 간의 치열한 경쟁과 도화 업무의 원활한 운영에 어려움을 초래했다. 또한 종6품 이상 올라갈 수 없다는 규정 탓에 이른 나이에 도화서를 떠나야 하는 사례도 있었다. '잉사화원仍仕畫員' 제도는 퇴직한 화원으로 도화서의 부족한 인원을 채우기 위해 마련했던 것이다. 이러한 도화서의 직제와 정원은 『경국대전』 반포 이후 『대전통편大典通編』(1785), 『대전회통大典會通』(1865), 『육전조례六典條例』(1867) 등 법전이 편찬될 때마다 조금씩 개편되는 과정을 거쳤다.

조선 최고의 화가들을 뽑아 쓰다

조선 중기에는 임진왜란, 병자호란 등 힘겨운 전쟁으로 인해 사회가 제 기능을 잃어버렸고 왕실의 업무 역시 정상적인 운영이 불가했다. 이러한 상황은 도화서 운영에도 직접적인 영향을 미쳤다. 예를 들어 도화서의 가장 중요한 업무였던 어진 제작이 선조 연간(1567~1608)부터 근 100여 년간 중단되었고 매년 정월 왕실에 바치던 세화歲畫(길상용 그림) 역시 폐지되어 일감이 대폭 줄어들었다. 또한 어수선한 정국에서 화원들이 제대로 양성되지 않아 도화 업무는 효율적으로 운행될 수 없었다.

숙종이 감상한 「제갈무후도諸葛武侯圖」, 비단에 채색, 164.2×99.4cm, 1695, 국립중앙박물관.

이런 분위기 속에서 평소 예술에 남다른 관심을 보였던 숙종의 의지 덕분에 17세기 중반 이후 도화서 업무는 다시 활성화될 수 있었다. 숙종은 도화서 신하들의 반대에도 불구하고 오랫동안 시행되지 않았던 어진의 모사와 제작을 단행했고, 현종 때 폐지되었던 길상용 그림인 세화를 다시 그리게 했으며, 많은 어람용 그림을 그리게 해 친히 감상하는 등 화원들에게 궁중 도화 업무에 참여할 기회를 넓혀주었다. 또한 법제화되지는 않았지만 어진을 그린 화원에게 동반직을 제수해주거나 당상堂上의 품계를 주었고 녹봉을 받는 체아직을 늘려 곤궁한 화원들의 처우를 개선해주었다. 숙종의 조치로 박동보朴東普, 이명욱李明旭, 진재해秦再奚 등 실력이 쟁쟁한 화원들이 부각되었고, 이들의 지위가 대를 이어 세습되면서 조선 후기 대표적인 화원 가문을 형성하는 데 밑거름이 되었다.

숙종 연간 늘어난 도화 업무는 선왕의 문화 정책을 계승한 영조와 정조의 등극을 거치면서 더욱 증가했다. 영조는 10년에 한 번씩 어진을 그리는 전통을 세워 어진 제작을 화원의 공식적인 업무로 규정했고, 그 밖에 궁중 안팎으로 시행된 각종 공사와 행사, 서적 출판 등이 증가해 화원들의 역할은 날로 커져만 갔다. 결국 영·정조 연간을 거치며 늘어난 업무를 감당하기에 부족하다고 판단해 도화서 화원과 생도를 각각 30명씩 증원했으며, 별제가 1명 줄고 종6품의 겸교수직兼教授職 1명과 전자관篆字官 2명을 신설했다. 또한 찰방察訪, 별제, 주부主簿, 현감縣監 등 외관직을 제수해 실질적인 직책을 기반으로 하여 경제적 여건을 개선하도록 했다.

도화서가 전통적으로 문신 관료 중심으로 운영되면서 왕실의 주요한 도화 업무를 담당했다면, 18세기 후반에는 이와 정반대 성격의 화원제도가 운영되었으니 '자비대령화원差備待令畫員' 직제가 그것이다. 정조 등극 후 관료 중심이 아닌 국왕 중심의 친위적親衛的인 화원제도를 1783년부터 공식적으로 운영하기 시작했다. 자비대령화원은 '임시로 차출하여 임금의 명령을 대기하는 화원'이란 뜻이며, 도화서 화원 중 별도의 시험을 통과해 규장각 소속으로 활동한 당대 최고의 화원들을 일컫는다. 영조 연간에 '원자비대령화원元差備待令畫員' 제도로 임시로 운영되어오다가 1783년 규장각 소속 잡직으로 공식적으로 직제화했고 1881년(고종 18)까지 약 100년 동안 운영되었다.

정조가 자비대령화원 직제를 신설한 것은 표면적으로 어제御製(국왕의 글)를 등서謄書할 때 인찰印札(선 긋기) 작업을 하거나 왕명에 의해 이뤄지는 어서御書 편찬 작업을 전담시키기 위한 목적에서였다. 이들은 항상 예조를 통해 사무를 보았던 도화서 화원과는 달리 국왕에게 글을 올려 허락을 받아 국왕이 임명과 해임을 결정함으로써 국왕—화원 사이에 직접적인 관계를 맺을 수 있었다. 또한 궐내각사가 모여 있던 창덕궁 이문원摛文院의 직방直房에 근무했기 때문에 명실상부한 '궁중화원'으로서 역할했다. 많은 사람에게 친숙한 김홍도金弘道(1745~1806 이후)를 비롯해 이인문李寅文(1745~1842), 이명기李命基(18세기) 등이 모두 자비대령화원 출신이었다. 따라서 18세기 이후 화원 제도는 궐 밖에 있는 도화서와 궐 안에 있는 규장각 자비대령화원이라는 이원적인 체제로 운영되었다고 할 수 있다.

규장각 자비대령으로 선발된 화원은 업무와 녹봉, 상전賞典에 있어서도 특별한 대우를 받았다. 왕실의 의례적인 일은 도화서 화원

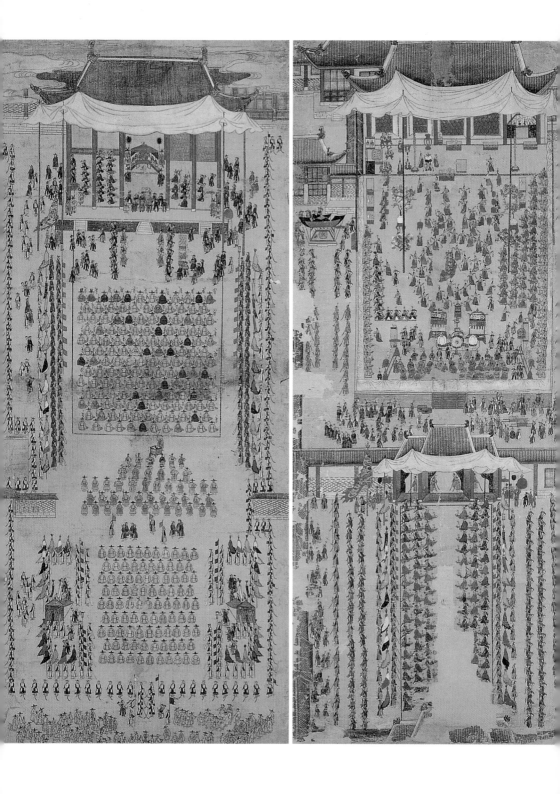

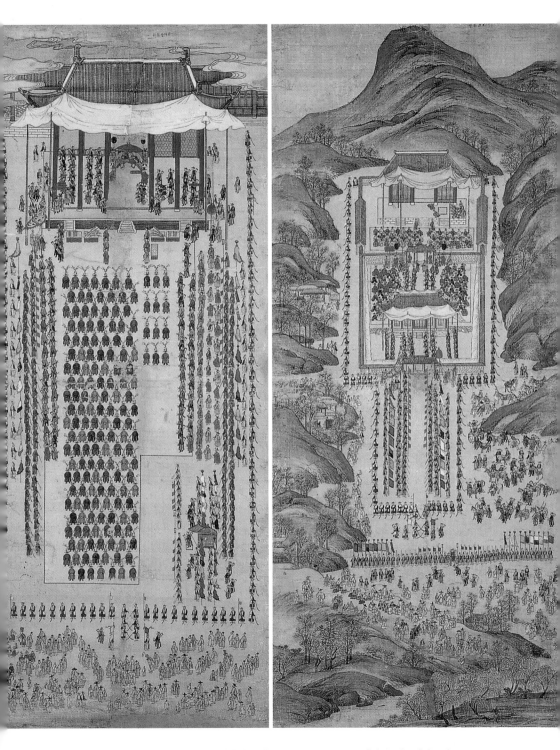

「화성능행도병」, 김득신 외, 비단에 채색, 151.5×66.4cm, 1795년경, 국립중앙박물관.

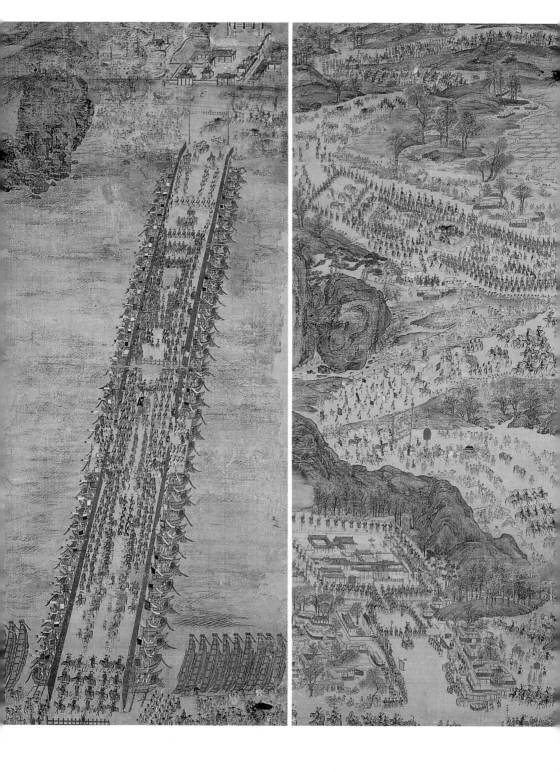

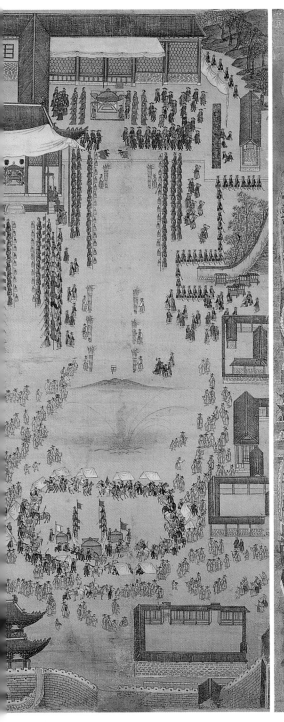
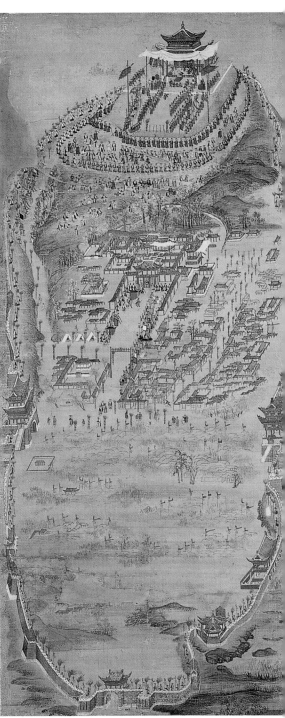

「동궐도」에 그려진 이문원橹文院의 모습. 규장각 자비대령화원들이 근무했던 곳이다.

이 담당한 대신, 긴요하거나 신중함을 요하는 업무는 반드시 자비
대령화원에게 주어졌다. 여기서 긴요하거나 신중함이 요구된 일이
란 왕명에 의한 규장각 서책의 도설이나 행사도, 국왕의 초상화를
그리는 일 등을 말한다. 정조가 부친 사도세자의 현륭원顯隆園을
어머니 혜경궁 홍씨와 함께 행차한 장면을 그린 「화성능행도병華城
陵幸圖屛」은 자비대령화원들이 남긴 대표작이다.

자비대령화원 제도는 18세기 화단을 주도하며 활발하게 운영되
었음에도 불구하고, 19세기에 정원이 26명으로 늘어난 것을 제외

하고는 철종~고종 연간을 거치면서 규장각 기능의 축소와 맞물려 형식적인 역할로만 전락했다. 시대적인 관점에서 보면 이러한 경향은 정치와 외교에 있어 대내외적으로 불안했던 조선 말기 국가의 위상과 무관하지 않은 것이었다.

망국과 함께 명맥이 단절되다

앞서 살펴본 것처럼 조선 왕실의 핵심적인 그림 담당 부서였던 도화서는 조선 초기 도화원에서 출발해 18세기 이후 자비대령화원이라는 새로운 제도에 이르기까지 시기마다 변천을 보이며 수많은 화원을 배출했다. 영·정조 연간 화원들이 대내외의 행사들에 참여하면서 활약상이 극대화됨에 따라 직제도 증설되었지만, 1894년 갑오개혁에 따른 근대식 관제 개편으로 인해 소속이 예조에서 궁내부宮內府 규장각으로 변경되었다. 더불어 이전까지 '화원'이라 불렸던 도화서 소속 화가들은 '도화주사圖畫主事'를 비롯해 '도화과주사圖畫課主事' '도화서기랑圖畫書記郎' 등 변경된 직함을 갖고 활동했다.

이후 몇 차례 관제 개혁이 이어지면서 1894년 시작된 규장각 소속 도화 업무는 1895년 규장원奎章院 소속 기록사記錄司 → 1896년 장례원掌禮院 소속 도사과圖寫課 → 1905년 예식원禮式院 소속 도화과圖畫課 → 1907년 장례원 소속 도화과로 변경되었으나, 직제와 명칭만 달라졌을 뿐 여전히 도화서 시설부터 이어져온 전통직 화업을 계승하고 있었다. 오히려 1897년 대한제국을 선포한 후에는 제국의 위상을 높이기 위해 역대 국왕의 초상화 모사와 고종·순

「고종어진」, 채용신, 비단에 채색, 180.0×104.0cm, 대한제국, 국립중앙박물관.

종 초상화 제작, 궁궐의 장식화 제작이 활발해졌으며 신진 화가들이 등용되어 궁중 도화 업무에 신선한 바람을 불어넣기도 했다.

그러나 조선의 국권이 일본에 넘어간 1910년 이후에는 중앙 정부의 직제 속에서 도화 업무의 존재가 공식적으로 사라졌으니 이 시기 즈음 관청으로서 도화서의 기능은 정지되었다고 할 수 있다. 이로써 조선 초기부터 약 400년 동안 궁중의 모든 도화 업무를 중추적으로 담당해왔던 도화서의 존재는 나라의 운명과 더불어 사라졌다. 변경된 직함으로 여전히 궁중의 도화 업무를 맡았던 많은 화가는 1910년 이전 관직에서 해임되었고 채용신蔡龍臣(1850~1941), 조석진趙錫晉(1853~1920), 안중식安中植(1861~1919) 등 일부는 민간으로 진출해 화단의 중진으로서 자리를 잡은 반면, 대다수 화가는 작업 공간을 잃은 채 명맥이 단절되고 말았다.

「세조 어진」을
그리고 있는 김은호,
1935년.

화업을 담당한 관청이 폐지되었으나, 일제강점기 이왕가李王家 관련 사무를 담당한 기구인 이왕직李王職은 각종 의궤와 어진 모사를 통해 소략하게나마 국가 의례의 전통을 유지하고 있었다. 궁에서 필요로 한 그림 작업은 공식적인 경로 없이 비공식적으로 발탁한 어용화사御用畫師들이 담당했다. 1916년부터 총 네 차례에 걸쳐 어진 제작에 동원된 김은호金殷鎬(1892~1979) 역시 개인적인 추천에 의해 처음으로 「고종 어진」을 그리게 된 영광을 안을 수 있었다. 일제의 민족말살 정책이 극에 달하던 1935년, 오사모烏紗帽를 쓰고 관복을 입은 채 세조어진을 모사하고 있는 김은호의 모습은 이미 국운이 쇠퇴한 나라의 백성으로서 대한제국 황실을 위해 기량을 불태우던 도화서 화원의 마지막 모습을 보여주는 듯하다.

1장   의정부와 육조, 왕과 함께 통치한 최고의 권력 기관

노명호, 「고려시대의 다원적 천하관과 해동천자」, 『한국사연구』 105, 1999

박용운, 『고려시대 중서문하성재신 연구』, 일지사, 2000

──, 『고려시대 상서성 연구』, 경인문화사, 2000

변태섭, 『고려정치제도사연구』, 일조각, 1971

이익주, 「충선왕 즉위년(1298) '개혁정치'의 성격 – 관제 개편을 중심으로」, 『역
　　사와 현실』 7, 1992

──, 「고려후기 겸직제의 연구」, 『인문과학』 9, 서울시립대 인문과학연구
　　소, 2002

한충희, 「조선초기 의정부 연구」(상·하), 『한국사연구』 31·32, 1980·1981

──, 「조선초기 육조 연구」, 『대구사학』 20·21합집, 1982

──, 「조선초기 의정부당상관연구」, 『대구사학』 87, 2007

──, 「조선 중·후기 의정부제의 변천연구」, 『한국학논집』 43, 2011

2장   비변사, 무소불위의 권력을 행사하다

고승희, 「통치 자료로 본 비변사의 지방통치 실제」, 『사학연구』 91, 2008

반윤홍, 『조선시대 비변사 연구』, 경인문화사, 2003

배우성, 『조선후기 국토관과 천하관의 변화』, 일지사, 1998

양보경, 「18세기 비변사지도의 고찰 : 규장각 소장 도별 군현지도집을 중심
　　으로」, 『규장각』 15, 1992

이재철, 『조선후기 비변사 연구』, 집문당, 2001

3장 규장각, 국왕의 글이 빛나는 곳

『규장각지』

김문식, 「정조 어제집 『홍재전서』의 서지적 특징」, 『장서각』 3, 2000

―――, 연갑수·김태웅·강문식·신병주, 『규장각, 그 역사와 문화의 재발견』, 서울대학교출판문화원, 2009

신용하, 「규장각도서의 변천과정에 대한 일연구」, 『규장각』 5, 1981

이종묵·김문식·옥영정, 『규장각과 책의 문화사』, 서울대학교 규장각한국학연구원, 2009

이태진, 『규장각소사』, 서울대학교 도서관, 1990

―――, 『왕조의 유산―외규장각 도서를 찾아서』, 지식산업사, 1994

정옥자, 「규장각 초계문신 연구」, 『규장각』 4, 1980

한영우, 『문화정책의 산실, 규장각』, 지식산업사, 2008

4장 봉상시, 예의 나라에서 국가 제사를 총괄하다

『太常誌』(奎貴 865)

『太常志』(藏 K2-2043, 文化財管理局藏書閣 영인본, 1974)

『增補文獻備考』(명문당, 1985)

『經國大典』(서울대 규장각 영인본, 1997)

『大典會通』(朝鮮總督府中樞院 영인본, 1939)

李賢珍, 「조선시대 奉常寺의 설치와 기능, 그 위상」, 『震檀學報』 122, 진단학회, 2014

韓亨周, 『朝鮮初期 國家祭禮 研究』, 一潮閣, 2002

한형주 외, 「종묘제례」, 『조선의 국가 제사』, 한국학중앙연구원, 2009

5장 주자소와 교서관, 조선의 지식 권력을 창출하다

강명관, 『조선시대 책과 지식의 역사』, 천년의상상, 2014

강순애, 「규장각의 도서 인쇄에 대하여」, 『조선시대 인쇄출판 기관의 변천과 발달』, 청주고인쇄박물관, 2008

김성수·이승철, 「교서관의 기능과 조직 및 인쇄활동」, 『조선시대 인쇄출판 기관의 변천과 발달』, 청주고인쇄박물관, 2008

남권희, 「주자소와 『주자소응행절목鑄字所應行節目』」, 『조선시대 인쇄출판 기관의 변천과 발달』, 청주고인쇄박물관, 2008

유대군, 『조선초기 주자소 연구』, 한국학술정보, 2008

한동명, 「조선초 서적출판정책에 관한 일고」, 『경희사학』 14, 경희사학회, 1987

6장 내의원·활인서·혜민서, 백성을 살리는 덕德을 펼치다
김　호, 「조선후기 두진痘疹 연구」, 『한국문화』 17, 1996
────, 「18세기 후반 거경 사족의 위생과 의료」, 『서울학연구』 11, 1998
────, 『허준의 동의보감 연구』, 일지사, 2000
────, 『조선의 명의들』, 살림, 2007

7장 상의원, 왕실의 보물창고를 지키는 이들이 갖춰야 할 자질
『경국대전』, 『육전조례』, 『세종실록』, 『성종실록』, 『연산군일기』, 『중종실록』, 『영조실록』, 『고종실록』, 『궁궐지』
고려대학교박물관·동아대학교박물관 교류전, 『동궐』, 고려대학교박물관, 2012
김용숙, 『조선조궁중풍속연구』, 일지사, 2000
이민주, 「궁중발기를 통해 본 왕실의 복식문화」, 『한복문화』 14권 2호, 한복문화학회, 2011
────, 『용을 그리고 봉황을 수놓다』, 한국학중앙연구원, 2013
한국학중앙연구원 엮음, 『고문서집성』, 1994

8장 장악원, 모든 음률을 주관한 예술의 정점
『경국대전』 『국조오례의』 『악원고사』 『악장등록』 『악학궤범』 『용재총화』 『조선왕조실록』
송지원, 『조선의 오케스트라, 우주의 선율을 연주하다』, 추수밭, 2013
────, 『한국음악의 거장들』, 태학사, 2012

9장 관상감, 하늘에 관한 지식과 일을 다룬 전문가 집단
문중양, 『우리 역사 과학 기행』, 동아시아, 2006
연세대학교 국학연구원 엮음, 『韓國實學思想研究 4: 科學技術篇』, 혜안, 2005
鄭多函, 「朝鮮前期 兩班 雜學兼修官 研究」, 고려대학교 대학원 박사논문,

2008

鄭玉子, 「朝鮮 後期의 技術職中人」, 『震檀學報』61집, 1986

허윤섭, 「조선후기 觀象監 天文學 부문의 조직과 업무–18세기 후반 이후를 중심으로」, 서울대학교 대학원 과학사 및 과학철학 협동과정 석사논문, 2000

10장 사역원, 화려한 외국어 실력의 소유자들
이상각, 『조선역관열전』, 서해문집, 2011

정 광, 『역학서연구』, J&C, 2002

정승혜, 「捷解新語 硏究」, 高麗大學校 大學院 博士學位 論文, 2000

——, 「司譯院 漢學書의 基礎的 硏究」, 『藏書閣』3, 韓國精神文化硏究院, 2000

——, 「司譯院 倭學書의 基礎的 硏究」, 『國語硏究의 理論과 實際』, 太學社, 2001

——, 「韓國에서의 外國語 敎育에 대한 歷史的 考察」, 『二重言語學』21, 二重言語學會, 2002

11장 도화서, 조선 최고의 화가들이 화폭에 담은 세상
『화원– 朝鮮畫員大展』, 삼성미술관 LEEUM, 2011

강관식, 『조선후기 궁중화원 연구 上·下』, 돌베개, 2001

김지영, 「18세기 畫員의 활동과 畫員畫의 변화」, 『韓國史論』32, 서울대한국문화연구소, 1994

박정혜, 「儀軌를 통해 본 朝鮮時代의 畫員」, 『미술사연구』 제9호, 미술사연구회, 1995

——, 『조선시대 궁중기록화 연구』, 일지사, 2000

——, 「대한제국기 화원 제도의 변모와 화원의 운용」, 『근대미술연구』 2004, 국립현대미술관, 2004

박정혜·윤진영·황정연·강민기, 『왕과 국가의 회화』, 돌베개, 2010

——, 『조선 궁궐의 그림』, 돌베개, 2011

——, 『왕의 화가들』, 돌베개, 2012

배종민, 「朝鮮初期 圖畫機具 硏究」, 전남대학교 사학과 박사논문, 2005

서울대 규장각한국학연구원 엮음, 『조선 전문가의 일생』, 2010

안휘준, 『한국 회화사 연구』, 시공사, 2000

안휘준 외, 『한국의 미술가』, 사회평론, 2006

유미나, 「17세기 인·숙종기의 圖畵署와 畵員」, 『강좌 미술사』 34, 2010

이성미, 『왕실 혼례의 기록: 가례도감의궤와 미술사』, 소와당, 2008

———, 『어진의궤와 미술사』, 소와당, 2012

이성미·강신항·유송옥 공저, 『藏書閣所藏嘉禮都監儀軌』, 한국정신문화연
    구원, 1994

———, 『朝鮮時代御眞關係都監儀軌』, 한국정신문화연구원, 1997

이훈상, 「조선후기 지방 파견 화원들과 그 제도, 그리고 이들의 지방 형상
    화」, 『동방학지』 144, 연세대학교 국학자료연구원, 2008

진준현, 「英祖·正祖代 御眞圖寫와 畵家들」, 『서울大博物館年報』 6, 서울대학
    교박물관, 1994

———, 「肅宗代 御眞圖寫와 畵家들」, 『古文化』 46, 한국대학박물관협회,
    1995

홍선표, 「조선후기 통신사 수행화원의 회화 활동」, 『미술사논단』 6, 1998

지은이

김문식 단국대 사학과 교수. 저서로 『조선후기 경학사상 연구』 『정조시대의 사상과 문화』 『정조의 경학과 주자학』 『정조의 제왕학』 『조선후기 지식인의 대외인식』 『정조의 생각』 등이 있다.

김호 경인교대 사회교육과 교수. 저서로 『허준의 동의보감 연구』 『조선과학인 물열전』 『원통함을 없게 하라』 『조선의 명의들』 『정약용, 조선의 정의를 말하다』, 역서로 『신주무원록』 등이 있다.

노경희 울산대 국문학부 교수. 저서로 『17세기 전반기 한중 문학교류』, 공저로 『목판의 행간에서 조선의 지식문화를 읽다』 『동아시아의 문헌교류』, 역서로 『명말 강남의 출판문화』 등이 있다.

문중양 서울대 국사학과 교수. 저서로 『우리역사 과학기행: 역사 속 우리 과학을 어떻게 볼 것인가?』 『조선후기 수리학과 수리 담론』, 역서로 『중국의 우주론과 청대의 과학혁명』 등이 있다.

배우성 서울시립대 국사학과 교수. 저서로 『독서와 지식의 풍경』 『조선과 중화』 『조선후기 국토관과 천하관의 변화』, 공저로 『다시, 실학이란 무엇인가』 『한국 과학기술 인물 12인』 『우리 옛지도와 그 아름다움』 등이 있다.

송지원 국립국악원 국악연구실장. 저서로 『한국 음악의 거장들』 『조선의 오케스트라, 우주의 선율을 연주하다』 『정조의 음악정책』, 공저로 『조선 전문가의 일생』 『새로 쓰는 예술사』, 역서로 『시경강의 1~5』 등이 있다.

이민주 한국학중앙연구원 장서각 연구원. 저서로 『치마저고리의 욕망』 『용을 그리고 봉황을 수놓다』, 공저로 『조선의 역사를 지켜온 왕실 여성』 『조선 궁중의 잔치, 연향』 『종묘, 조선의 정신을 담다』 등이 있다.

이익주 서울시립대 국사학과 교수. 저서로 『이색의 삶과 생각』, 공저로 『정치가 정도전의 재조명』 『역사의 길목에 선 31인의 선택』 『동아시아 국제질서 속의 한중관계사』 『세종 리더십의 핵심 가치』 등이 있다.

이현진 서울시립대 서울학연구소 연구교수. 저서로 『조선후기 종묘 전례 연구』 『왕의 죽음, 정조의 국장』, 공저로 『종묘와 사직』 『왕의 행차』 『궁방양안宮房量案』 『영·정조대 문예중흥기의 학술과 사상』 등이 있다.

정승혜 수원여대 비서과 교수. 저서로 『조선후기 왜학서 연구』, 공저로 『原本老乞大』 『吏學指南』 『박통사 원나라 대도를 거닐다』 『알타이어 계통 제언어의 기초어휘 연구』 등이 있다.

황정연 문화재청 국립문화재연구소 학예연구사. 저서로 『조선시대 서화수장 연구』, 공저로 『조선왕실의 미술문화』 『왕과 국가의 회화』 『조선 궁궐의 그림』 『일기로 본 조선』 등이 있다.

한양의 탄생

ⓒ 서울학연구소 2015

1판 1쇄 2015년 7월 20일
1판 3쇄 2015년 12월 8일

엮은이 서울시립대 서울학연구소
펴낸이 강성민
기획 이현진
편집 이은혜 이두루 곽우정
편집보조 이정미 차소영 백설희
마케팅 정민호 이연실 정현민 지문희 김주원
홍보 김희숙 김상만 한수진 이천희
독자모니터링 황치영

펴낸곳 (주)글항아리 | 출판등록 2009년 1월 19일 제406-2009-000002호

주소 10881 경기도 파주시 회동길 210
전자우편 bookpot@hanmail.net
전화번호 031-955-8891(마케팅) 031-955-8897(편집부)
팩스 031-955-2557

ISBN 978-89-6735-229-5 03900

글항아리는 (주)문학동네의 계열사입니다.

이 도서의 국립중앙도서관 출판예정도서목록(CIP)은 서지정보유통지원시스템 홈페이지(http://seoji.nl.go.kr)와
국가자료공동목록시스템(http://www.nl.go.kr/kolisnet)에서 이용하실 수 있습니다.
(CIP제어번호 : CIP2015017710)